외면하고 회피했다

: 세월호 책임 주체들

※ 이 도서의 국립중앙도서관 출판예정도서목록(CIP)은
  서지정보유통지원시스템 홈페이지(http://seoji.nl.go.kr)와
  국가자료공동목록시스템(http://www.nl.go.kr/kolisnet)에서 이용하실 수 있습니다.
  (CIP제어번호: CIP2017012344)

외면하고 하고 회피했다

세월호 책임 주체들

세월호특조위 조사관 모임 지음

북콤마

여러분 모두 이미 우리 곁에 있다

전명선(416가족협의회 운영위원장)

저 바다 위에서 죽어도 되는 사람은 없다. 우리는 그렇게 믿으며 살아왔다. 그리고 다시 그렇게 믿고 싶다. 그 믿음이 잘못이었다고 말하고 싶지 않다. 그래서 우리는 진실을 포기할 수 없다. 진짜 잘못이 무엇인지 밝혀야 하겠다. 그래서 이 자리에 서 있다. 그런데 혹시 이 자리에 서 있는 사람이 여러분이 될 수도 있지 않았을까? 아니, 바다 위에서 배가 침몰해도 구조할 줄 모르는 국가에 살고 있는 모두가 될 수도 있지 않을까? 사람을 살릴 줄 모르는 국가에서 살고 싶지 않은 여러분 모두가 이 자리에 함께 서 있다고 우리는 믿는다.

2014년 4월 16일의 바다를 기억하는가? 거센 풍랑이 일어 경비정이 근처에도 못 가는 상황이 아니었다. 폭풍우가 몰아쳐 헬기가 뜰

수 없는 날도 아니었다. 천재지변으로 통신이 일시에 두절되어 연락이 끊기는 상황도 아니었다. 구할 수 있었다. 아무런 방해도 없었다. 그런데 구하지 못했다. 혹시 구조할 이유가 없었는가? 그렇지 않다면 문제가 무엇인지 밝혀야 한다.

해경은 인명을 구조하기 위한 장비와 인력을 보유하고 있었다. 해군도 그렇다. 당일 해경의 사고가 접수된 후 휴대전화로, 인터넷으로, 직통 전화로 수많은 교신이 이루어졌다. 보고가 있었고, 명령이 있었고, 지시가 있었다. 그런데 경비정 1척, 헬기 3대가 전부였다. 잘못된 보고, 잘못된 명령, 잘못된 지시가 있었던 것이 문제이다. 그러니 잘못이 무엇이었는지 밝혀야 한다.

대형 참사가 발생하면 혼선이 있을 수도 있다고 생각한다. 최선을 다하려고 했지만 결과가 최선이지 못한 경우도 있을 수 있다. 그러나 세월호 참사에서 과연 정부는 최선을 다하려고 했는가? 배 안에서 아이들이 공포에 떨고 있을 때 밖에서 국가는 무엇을 했는가? 배 안에 사람이 없는 것처럼 말했고, 구조를 돕겠다는 이들을 돌려보냈고, 탈출은 시키지 않은 채 탈출하면 구조하겠다고 기다렸다. 구조를 포기시키려고 최선을 다했다고 해도 믿어질 지경이다.

더욱 무서운 것은 마치 잘못은 없었던 것처럼 서둘러 끝내려고 한다는 점이다. 선장과 선원, 해경 몇 사람에 대한 재판이 마치 세월호 참사 진상 규명의 전부인 것처럼 말이다. 철저히 진상을 규명하고 안전한 사회를 만들자고 특별법을 제정한 것 아니었는가? 그래서 특별조사위원회를 설립했던 것 아닌가? 그런데 정부는 특별조사위원회가 더욱 잘 활동할 수 있도록 지원하기는커녕 특별조사위원회의 손발을 묶으려는 일관된 태도를 보였다. 최근 발견된 여당 추천 위원들에게 지침을 내리는 문건에 우리는 경악을 금치 않을 수 없었다.

우리는 아직 그 바다를 떠나지 못하고 있다. 그러나 국가는 구조를 포기하고 책임으로부터 탈출해 갔다. 빈 바다에 우리만 덩그러니 남아 있다. 그리고 여러분 모두 이미 우리 곁에 있다. 공감하고 행동하며 함께해 주는 분들만이 아니다. 이제는 잊어가고 멀어졌다 여기는 분들도 마찬가지이다. 이러한 나라에서 살아남을 방법도, 살아갈 방법도 모른 채 사랑하는 사람을 어떻게 지켜줘야 할지를 모르는 우리가 여기에 있다.

우리는 진실을 알 권리가 있다. 진실을 영원히 숨길 수는 없다. 무능에 대한 책임은 고백과 참회로부터 시작된다. 그런데 거짓에 대한 책임은 처벌로도 부족하다. 양심을 걸고 똑똑히 말하라. 세월호특조위를 만든 힘이 국민에게 있었음을 기억하라.

조사관 후속 모임의 첫 번째 공동 작업

김선애(전 세월호특조위 조사관 · 안전사회과 팀장)

3년이 흐른 뒤에야 세월호는 구멍이 뚫리고 처참히 일그러진 모습으로 인양되었습니다. 선내에서 미수습자의 것으로 추정되는 유골이 속속 발견되고 있다는 소식입니다. 앞으로 미수습자들 모두 가족의 품에 안착하기를 바라며, 세월호와 함께 진실을 인양하고자 하는 국민의 소망이 하루 속히 이루어지기를 기원합니다.

지난해 6월 박근혜 정부가 세월호특조위의 조사 활동을 강제로 종료한 뒤, 특조위 조사관들은 광화문에서 단식 농성을 벌이면서 '참사 당시 청와대 등의 정부 대응'에 대해 청문회를 개최하였습니다. 그리고 10월 이후 사무실 출입이 어려워진 뒤로는 새로운 공간을 확보해서 세월호특조위 조사관 후속 모임을 이어갔습니다.

조사관들은 후속 모임의 첫 번째 공동 작업을 '세월호 참사에서의 정부 기관별 대응 조사'로 정했습니다. 정부의 구조 실패가 곧 세월호 참사를 야기했다는 인식에서 출발한 것입니다. 청와대뿐 아니라 박근혜 정부의 관료들 역시 진상 조사 방해에 깊이 연루되어 있다고 보았기 때문입니다.

세월호특조위에 근무할 당시 조사관들은 공무원들의 노골적인 방해 행위를 경험한 바 있습니다. 그런데 박근혜 대통령의 탄핵에도 불구하고 세월호 참사를 교통사고로 축소·왜곡하거나, 근대화의 병폐로 치부하면서 대다수의 책임인 양 호도하는 정·관계 인사들이 여전히 우리 사회 곳곳에서 활개치고 있는 모습을 목도하게 됩니다. 우리는 이러한 상황에서 더욱더 세월호 참사에서 정부의 책임을 분명히 규명할 필요성을 절감하게 되는 것입니다.

우리의 '세월호 참사에서의 정부 기관별 대응 조사'는 참사 당일의 정부 대응에 집중했습니다. 조사 작업을 공동으로 수행할 조사관의 수가 매우 적었기 때문이기도 했지만, 인명을 구조할 핵심적인 조치가 당일에 취해졌어야 했는데 그렇게 되지 않은 중요한 문제이기에, 그날의 정부 대응을 가장 먼저 정리하기로 했습니다. 우리는 세월호특조위가 공개한 문건, 동영상, 중간조사보고서 등을 기초로 해서 공통의 조사 틀을 만들고 공개된 기록과 자료를 분석해서, 구조 기관과 책임자들의 동선을 추적해나갔습니다.

공개된 자료를 중심으로 2016년 11월부터 2017년 1월까지 조사가 진행되었습니다. 우리 조사는 국정원, 국방부, 해경 측의 자료를 검토하지 못해 일정한 한계를 내포할 수밖에 없을 것입니다. 이 기관들이 세월호특조위의 자료 제출 요청을 끝내 거부한 것은 주지의 사실입니다. 또 위원회의 활동이 강제 종료되면서 재난 대응 기관 담당자들의 증언을 청취해서 분석하지 못한 것도 아쉬운 대목입니다.

우리는 조사를 통해 참사 당일 승객들의 신고 전화가 정부 각 기관으로 넘어가면서 사실이 축소되고 왜곡되는 것을 확인할 수 있었습니다. 각 구조 기관의 장長들이 서로 소임을 미루는 것도 목도할 수 있었습니다. 당일 관련 공무원들이 각자의 부서에서 정신없이 수많은 업무를 수행하고 있었다고 변명하고 있지만, 사실 그 일은 인명의 구조와는 별 관련 없는 상부기관이나 상급자를 위한 정보 수집과 보고 활동에 지나지 않았습니다. 일선의 구조자들은 문책을 피하기 위해 소극적으로 대처했습니다. 이러한 행태는 해경뿐 아니라 정부 재난 대응 기관들에서 공통으로 나타났습니다.

우리 조사의 결과는 국민의 생명을 보호할 임무가 국가에게 있다며 부서의 권한과 몸집을 늘리기에 급급했던 관료들이 재난 현장에서는 얼마나 무능했는지 여실히 증명했습니다. 이들은 늘 '국민의 안전 불감증이 문제'라고 주장해왔지만, 자신들 스스로는 법과 규정이 정한 최소한의 책임도 이행하지 않았습니다. '국민의 안전 불감

증'이 재난을 부른 것이 아닙니다. 탈출하지 못한 친구를 찾으러 다시 배 안에 들어간 학생의 책임감이 참사 당일 정부 기관이나 관료들에게는 부재했기에 참사가 일어난 것입니다.

조사를 하면서 우리의 뇌리에는 세월호 선내 승객들이 질서를 유지하며 정부를 끝까지 믿고 자신의 상황을 적극적으로 신고했던 모습, 울고 있는 5세 어린아이를 보듬어 끝내 같이 살아난 학생들, 세월호 선미에 달라붙어 한 명이라도 더 구하려고 안간힘을 썼지만 끝내 눈이 마주친 그 아이들을 다 살려내지 못해 그 죄책감으로 술에 의탁하며 살아가는 어부, 정부를 대신해 희생자를 수습했으나, 작업 중 동료 잠수사가 사망하자 그 책임을 민간에게 전가하는 해경을 보면서 몸과 마음이 다쳐 결국 자살로 항변한 김관홍 잠수사의 억울함 등이 생생히 각인되었습니다.

그러나 현실에서 우리는 세월호 참사의 책임자들이 줄줄이 승진하는 것을 목도해야 했습니다. 세월호 참사와 같은 대형 재난을 방지하고자 국민안전처가 만들어졌는데, 그 신설 과정에서 재난 전문가가 소외되고 현장 조직보다는 구조와 관련 없는 상급 직위가 확대되는 것을 확인할 수 있었습니다. 박근혜 정부는 세월호 참사로부터 그 어떠한 교훈도 얻으려 하지 않았던 것입니다.

새 대통령은 소방방재청과 해양경찰청을 독립시켜 현장 대응 체계를 강화하겠다는 구상과 함께 대통령 중심의 국가 위기관리 시스템을 만들겠다고 밝혔습니다. 이는 여러 재난 전문가들의 공통된 바람에 부응하는 것으로 환영할 만합니다. 다만 일각에서 제기하고 있는 것처럼 국민안전처를 '부部'로 승격하는 문제는 충분한 논의를 거쳐야 할 것으로 보입니다. 부처의 위상이 높아지고 통합적으로 관리한다고 해서 재난 방지가 더 수월해지는 것이 아니기 때문입니다.

세월호 인양과 함께 선체 조사가 속도를 내고 있습니다. 새 정부 출범과 함께 중단된 세월호 참사에 대한 진실 규명도 다시 재개될 것으로 보입니다. 이것은 참사 직후부터 지금까지 그 모진 세월을 이겨내며 계속해서 진상 규명을 요구해온 유족과 국민들이 있었기 때문에 가능해진 일입니다. 우리 조사관들은 이 조사 결과가 앞으로의 진상 규명에 작은 밑거름이 되기를 희망합니다.

끝으로 후속 모임의 조사관들이 조사 활동을 지속할 수 있도록 여러 방면으로 후원해준 한국YMCA전국연맹 관계자들과 이름을 알 수 없는 후원자 여러분께 감사를 드립니다.

2017년 5월

그날 누구도 지휘하지 않았다: 초기 구조에서 해경의 책임

배 밖에서
국가는 무엇을 했는가

그날 누구도
지휘하지
않았다

: 초기 구조에서 해경의 책임

一　책임자 없는 현장,
　　　　서로에게 떠넘겼다[1]

　　해경 본청(해양경찰청 본청), 서해청(서해지방해양경찰청, 소재 목포), 목포서(목포해양경찰서) 상황실 모두 세월호와 직접 교신하려는 노력을 게을리했다. 세 곳 중 어느 한 곳도 세월호와 직접 교신하지 않았다. 사고 당시 세월호와 교신한 곳은 진도VTS가 유일했다(오전 9시 6분부터 9시 37분까지였다. 목포서에 신고가 접수되기 전인 8시 55분 세월호는 처음 사고 신고를 위해 제주VTS를 호출했고, 이때 한 차례 교신했다). 상급 부서인 그들이 직접 나서서 세월호의 상황을 즉시 파악했어야 했다. 그리고 123정, B-511, B-512, B-513 헬기, 703 초계기 등 당시 현장에 출동한 구조 세력에게 곧바로 전파했어야 했

---

1 감사원 조사와 검찰 조사에서 관련 해경들이 한 진술은 세월호특조위가 개최한 1차 청문회(2015.12.14~12.16)의 공개 자료집에서 재인용한 것이다.

다. 그랬더라면 현장에 출동한 구조 세력들이 세월호 승객들이 선내에 있는지, 갑판에 나와 대기 중인지, 아니면 구명조끼를 입고 있는지 등을 알았을 것이고, 그에 맞게 도착하는 즉시 퇴선 방송을 하고 선내에 진입해 승객들을 구조할 수 있었을 것이다.

그런데 아무도 지시하지 않았다. 자신들이 아니라도 누구든 지시하면 된다고 미루어놓고서 막상 아무도 하지 않으면 어떻게 되는가. 다른 부처, 다른 직원들에게 그냥 구조를 맡겨두고 있었다. 해경 본청과 서해청, 목포서가 TRS[2]와 상황정보문자시스템e-mate을 통해 실시간으로 정보가 공유되는 시스템을 갖추고 있음에도 정보가 공유되지 않은 이유는 무엇이었는가.[3] 한쪽에서는 자신이 아는 정보를 공유되는 정보망 안에 투입하지 않은 까닭도 있지만, 무엇보다 지휘부가 적극적인 확인 조치를 하지 않은 탓이 크다. TRS에서 전개되는 상황을 듣기만 하고, 퇴선 준비 같은 구체적 상황을 적극 확인하지 않았다. 직접 개입해 지시하지 않았던 것이다. 진도VTS에게 맡기고, 목포서에 맡기고, 세월호 선장한테 맡기고, 123정장에게 맡겨두면, 다들 알아서 잘할 것이라는, 터무니없는 구조 체계였다. 그렇다면 뭐 하려고 상황실이 필요하고, 지휘 체계가 필요하겠는가.

---

2 주파수공용통신(trunked radio service): 주파수를 다수의 가입자가 공동으로 사용하는 무선이동통신이다. 2010년 이후 해양경찰서와 함정, 파출소, 출장소 등에 단말기 6000대가 보급되었고, 2013년까지 통합지휘통신망이 구축되면서 8해역까지 이르는 모든 상황을 지휘, 청취할 수 있게 되었다(≪해양경찰 장비발전 60년사≫).

3 1차 청문회에서 박종운 위원의 발언을 참조했다.

대형 참사가 발생했는데 지휘부는 현장 상황에 집중하지 않았고, 재확인, 대조 확인을 하지 않았다. 멀리 떨어진 곳에서 지켜보기만 했다는 표현이 더 어울린다.

그러는 사이에 중요 상황 정보가 구조 세력들에게 전파되지도, 공유되지도 않았다. 사고 초기에 세월호가 45도 이상 기울어졌고 대부분의 승객이 배 안에 있다는 상황 정보가 가장 중요한 내용이었는데, 이것이 빨리 전파되지 않았다. 구조가 실패한 큰 이유 중 하나라고 할 수 있다. 초기에 상황이 제대로 전파될 수 있는 네 번의 기회가 있었다.[4]

첫 번째는 오전 9시 4분 세월호의 한 선원이 122에 신고했을 때이다. 신고 접수 요원의 과실이든 어쨌든 전파되지 않았다. 두 번째, 9시 18분 세월호가 진도VTS와 교신하면서 승객들이 선내에 있는데 퇴선하는 게 맞는지 물었을 때다. 진도VTS가 서해청에 그 내용을 보고하면서 상황이 다급하다는 것을 알렸음에도 불구하고, 서해청은 이를 다시 전파하지 않았다. 퇴선할지 말지에 대해선 선장이 판단하게 하라는 지시가 나왔을 뿐이다. 세 번째, 9시 27분 B-511 헬기가 현장 근처에 도착해 '대부분의 승객들이 배 안에 있는 것 같다'고 보고했을 때다. 그다음에 나오는 보고 내용 '중간에 있다'라는 말

---

4 1차 청문회에서 김진 위원의 발언을 참조했다.

때문에 배 안이라고 판단하지 못했다고, 지휘부는 변명하지만, 분명 그 윗줄에 '배 안에 있다'라는 말이 나온다. 이 또한 전파되지 않았다. 네 번째는 9시 37분 해경 본청 경비과장이 123정장과 통화했을 때다. '배가 50도 이상 기울었고, 승객들은 모두 배 안에 있다'는 내용이 나왔지만, 이어지는 지시는 따로 없었다. 이와 같았다. 보고와 신고는 지시와 전파로 이어지지 않고 책임 주체들 사이에서 단락되었다.

목포서 상황실이 직접 세월호와 교신하지 않았다

세월호의 한 선원이 목포서 상황실로 오전 9시 4분에 신고를 했다. 배가 45도 기울어서 사람들이 움직일 수 없고, 한 사람이 바다에 빠져서 구조가 절실하다는 상황을 전했다. 그러면서 선내에서 움직이지 말라는 방송을 계속하고 있다는 아주 중요한 사항을 알려주었다. 그런데 이 신고에 대해 상황실은 아무런 대응도 하지 않았다. 전파를 하지 않았다. 8시 52분 119를 통해 최초 신고를 접수했을 당시, 사고를 파악한 다음 경비정들에게 연락해서 신속히 출동해 구조하도록 조치하는 등 바로 조치를 취한 것과는 달랐다. 목포서는 9시 4분 세월호 선원이 사고 신고를 했을 때에는 아무런 대응도 하지 않았다.

당시 전화를 받은 상황실 접수 요원은 그전에 접수한 신고와 동일한 내용이라고 판단해 통화가 끝난 뒤 별도로 상관에게 보고하지 않았다고, 감사원 조사에서 진술했다. 상황실장이나 상황담당관이라도 이를 세월호의 상황과 관련한 주요한 내용이라고 판단해서 신고자와 다시 교신을 시도했어야 했다. 신고자로부터 배가 처한 상황을 정확히 파악한 다음 '이 사실을 구조 세력에게 알려라. 전파하라'라고 지시했어야 했다.

그다음 상황실의 다른 요원이 목포 운항관리실로 전화해 세월호 선장의 연락처를 수배했다. 9시 10분 운항관리실로부터 알아낸 선장 연락처로 여러 차례 전화해보았지만 통화 연결이 되지 않았다. 당시 운항관리실로부터 받은 연락처는 이준석 선장의 것이 아니라 휴가 가 있는 신보식 선장의 연락처였다. 이준석은 교대 선장이었다. 이후 목포서 상황실은 인천 운항관리실을 통해 이준석 선장의 휴대전화 번호를 알아낸 뒤 다시 전화해보았다. 하지만 9시 29분경 그것조차도 통화 연결이 되지 않았다.

어쨌든 선장과 통화 연결이 되지 않았으면 목포서에 있는 VHF 통신망으로 세월호와 직접 교신했어야 했는데 그렇게 하지 않았다. 그렇다고 출동 중인 두 함정, 즉 123정과 3009함에 세월호와 교신하도록 지시하지도 않았다.

그것도 아니라면, 당시 유일하게 세월호와 교신하고 있던 진도 VTS를 통해 세월호에게 '구조 세력이 출동 중이고 곧 구조가 시작될 것이니 갑판으로 나와 대기하고 있으라'라고 지시했어야 했다. 당시 목포서는 진도VTS가 세월호와 교신 중(9시 6분)이라는 사실을 알았는가. 목포서 상황담당관은 세월호와 직접 교신하지 않은 이유에 대해 2014년 6월 11일 검찰 조사에서 다음과 같이 진술했다.

"세월호 침몰 지점이 상황실과 멀리 떨어져 있어서 교신이 잘 안 될 수도 있었고, 또 진도VTS가 세월호와 교신을 할 것이라 생각했기 때문이다."

진도VTS가 세월호와 교신을 하고 있다는 것을 알아서, 세월호와 직접 교신하지 않은 것이 아니라, 진도VTS가 당연히 세월호와 교신하리라고 생각했기 때문에 목포서에서는 세월호와 교신하지 않았다는 말이다. 아무런 사실도 확인하지 않은 채 목포서는 세월호와의 교신을 시도하지 않은 것이다. 진도VTS가 세월호와 교신했는지, 그리고 그 교신 내용은 무엇인지 확인하지 않았다.

그렇다고 목포서 상황담당관은 진도VTS에 상황을 보고하도록 지시하지도 않았다. 그는 나중에 세월호특조위 1차 청문회에 나와서는, 진도VTS가 서해청 소속이니 거기서 적절한 조치를 취했을 것이라고 판단했다고, 말을 바꾸었다. 사실상 정부 '부처 간 칸막이'였고, 부처 이기주의의 발로였다. 상황담당관은 2014년 6월 5일 감사원 감사에서는 다음과 같이 진술했었다. 이번에는 진도VTS에 지시할 생각도 못 했다고 했다.

"진도VTS가 세월호와 교신한다는 것을 사실상 언론 보도를 통해 알았다. 진도VTS에서 대해서는 세월호와 교신한다는 그런 지시를 할 생각을 못 했다."

목포서 상황실이 당시 진도VTS와 통화했다면 경비전화 통화 목록에 통화한 내역이 나와야 하는데, 통화 목록에는 진도VTS와 통화한 내역이 없었다. 차라리 목포서 상황실은 상황보고서를 작성하고 전파하는 데 온 힘을 기울였다. 그렇게 승객들이 무사히 구조될 수 있는 조치를 취할 수 있었는데 그렇게 하지 않았다.

서해청 상황실도 지시하지 않았다

오전 9시 8분 진도VTS와 세월호 이준석 선장이 나눈 교신의 내용을 보면, 이준석 선장의 다음과 같은 말이 나온다.

"바다에 빠져야 될지 어째야 될지 모르겠네."

선장이 그런 말을 했다는 것은 당시 세월호가 상당히 심각한 상황에 처해 있음을 뜻한다. 진도VTS는 곧바로 이 사실을 서해청에 알렸어야 했다. 하지만 진도VTS는 소속 부처인 서해청에 이를 실시간으로 보고하지 않았다. 진도VTS에서는 보고하지 않았고, 서해청에서는 보고를 촉구하거나 요구하지 않았다.

서해청 상황실장이 9시 25분 '진도VTS가 경비전화로 세월호에서의 퇴선 여부를 묻고 있다'라고 상황담당관에게 보고했다. 그때야비로소 서해청 상황담당관은 진도VTS가 9시 6분부터 이미 세월호와 교신하고 있었음을 알게 되었다. 9시 6분부터 9시 25분까지, 19분 동안 그들 사이에는 아무런 보고나 지시도 없었던 것이다. 상황실장은 2014년 6월 9일 검찰 조사에서 다음과 같이 진술했다.

"TRS 교신 내역으로 상황 파악을 하였지, 세월호 선장이나 123 정, B-511 헬기 기장, 진도VTS로부터는 상황을 파악하지 못하였다."

"사실은 TRS만 듣고 있었지, 세월호, 123정, B-511, 진도VTS를 놓치고 있었다."

구조를 총괄 지휘해야 할 서해청이 당시 이렇게 세월호, 123정, B-511 헬기, 진도VTS로부터 들어오는 상황 정보를 전혀 파악하지 않고 있었다는 말이다. 그러니 적절한 지시가 나올 리 없었다. 상황 담당관이 상황실장의 퇴선 여부에 관한 보고를 듣고 나서 "여기 상황실에서는 현장 상황을 정확히 알 수 없으니, 현장 상황을 잘 알고 있는 세월호 선장이 판단할 문제다"라고 지시했다. 그러면서 서해청 상황실은 진도VTS에 '퇴선 여부는 세월호 선장에게 판단하게 하라'고 전했다.

어쨌든 9시 25분에 세월호에서 퇴선 여부를 물어본 사실을 알게 되었다면 세월호의 상태가 아주 위중하다는 것을 인식했을 텐데, 상황담당관은 그 후에도 진도VTS에 세월호의 구체적 상황을 보고하도록 직접 지시하지 않았다. 진도VTS가 세월호와 주고받은 여러 정보, 즉 세월호의 침몰 정도나 승객 대피 상황 등을 파악한 다음, 이를 토대로 '즉시 승객들을 탈출하기 쉬운 갑판으로 안내하라. 구조 세력이 곧 도착할 것이니 퇴선하면 구조하겠다' 같은 내용을 세월호에 알려주라고 진도VTS에 지시했어야 했다. 그리고 세월호에 관한 정보를 여러 구조 세력에게 전파했어야 했다. 그렇게 하지 않았다. 즉 세월호와 진도VTS 사이에 교신이 이루어지고 있음을 인지하고도, 서해청 상황담당관은 이를 방치했다. 그렇게 하지 않은 이유에 대해 상황담당관은 감사원 조사에서 다음과 같이 진술했다.

"123정이 (현장에 도착하기) 2마일 전이므로 5분 후면 도착하고, 또 그래서 123정이 현장 도착 후 현지 상황을 상세히 파악 후 선장 측에 퇴선 권고를 할 생각이었다."

하지만 구조하는 입장에서는 최악의 상황을 산정하고 직접 구조 현장을 챙기는 것이 맞다. 세월호 선장이 알아서 할 것이라 생각하면서 한편으로 123정이 현장에 도착하기를 기다릴 것이 아니었다. 마땅한 지시가 나오지 않았다. 결국 세월호와 교신한 곳은 진도VTS 하나뿐이었고, 서해청과 진도VTS 사이에 세월호의 상황에 대한 교류는 제대로 이루어지지 않았다. 서해청은 변경 사항이 있으면 진도 VTS에서 보고가 올라올 것이라고 생각했지 정작 지시를 내리지 않았다. 보고가 올라오지 않으면 독촉을 할 수도 있었을 텐데 그렇게 하지도 않았다.

진도VTS의 여러 역할을 조정해야 할 책임과 권한이 있는 서해청으로서는 그 후 당연히 '왜 보고하지 않느냐'고 확인했어야 했다. 진도VTS와 세월호 사이의 교신 진행을 계속 체크할 의무가 있었다. 수많은 인명이 경각에 달린 위급한 상황에서 신속히 개입해야 할 임무를 갖고 있었다. 그들은 그런 직분에 맞게, 상황을 확인하고 또 확인했어야 했다. 진도VTS가 세월호와 교신하고 있다는 그 중요한 정보를 알면서 그다음에는 어떻게 되었는지 확인조차 하지 않았다. 말이 되지 않았다. 세월호의 상태에 대한 정보 파악이 무엇보다 중요한 상황이었다. 진도VTS가 교신을 통해 세월호 선장으로부터 무슨 정보를 파악했는지, 당시에 배가 어떤 상태에 있고 승객이 어떤 상황에 처해 있는지를 확인했어야 했다.

더 나아가 서해청 상황담당관은 목포서 상황실에다가 세월호와 교신하라는 지시를 내리지도 않았다. 2014년 5월 21일 감사원 조사에서 목포서에 세월호와 교신하도록 지시하지 않은 이유를 묻자, 그는 목포서에서 당연히 교신할 줄 알고 별도의 지시를 하지 않았다고 진술했다. 그렇다면 다시, 교신을 취하고 있는지 확인을 했어야 했다.

목포서장도 교신 지시를 내리지 않았다

사고 당시 목포서장은 중국 어선을 단속하기 위해 서해상의 3009함에 있었다. 세월호로부터 64마일가량 떨어진 곳이었다. 서장 역시 타고 있던 배에 VHF 통신망이 있었음에도 세월호와 교신하라고 지시하지 않았다. 2014년 5월 27일 감사원 조사에서 그런 지시를 내리지 않은 이유를 묻자, 서장은 다음과 같이 진술했다.

"64마일 떨어져 있어서 VHF 통달 거리가 미치지 못할 것 같아 3009함에 세월호와 교신하라는 지시를 하지 않았다."

하지만 감사원 감사관이 그 전인 5월 22일 실험을 해본 상태였다.

3009함과 307함에 64마일 정도 떨어진 거리에서 교신을 해보게 했더니 VHF의 감도가 양호했다. 참사 당시 3009함이 세월호를 호출했더라면 교신할 수 있었다. 그런 사실을 말해주며 통달 거리가 안 될 것 같다고 교신을 시도조차 하지 않았느냐고 따지자, 서장은 "시도하지 않은 것은 아쉽지만 저는 오직 저희 함정들과 122구조대의 신속한 구조에만 몰두했다"고 진술했다.

그렇다고 목포서장이 목포서 상황실에 세월호와 교신하라는 지시를 내린 것도 아니었다.

"목포 상황실에서 믿고 알아서 조치했으리라 별도 지시는 안 했다."

그의 말대로, 그는 목포서 상황실에 세월호와 교신하라는 지시를 내리지 않았다. 그렇다면 과연 목포서 상황실은 '알아서 조치'를 했는가. 목포서 상황실이 직접 세월호와 교신하지 않았을뿐더러, 현장에 나가 있는 123정에도 세월호와 교신하라는 지시를 내리지 않은 것이 아닌가. 청문회에 나온 목포서 상황담당관은 이에 대해 분명한 대답을 하지 못했다. 검찰 조사에서도 '9시 10분경에 중앙구조본부가 설치되어 본청이 지휘해야 하고, 또 9시 14분경 123정이 현장지휘함으로 지정되었으면 현장지휘관이 적절히 판단해야 한다'고 진술했다. 그렇게 현장의 구조 세력이 알아서 판단할 것이라는 말을 반복했고, 직접 구조 현장을 챙기지 않는 태도를 보였다.

해경 본청 상황실

해경 본청 상황실도 세월호와 직접 교신을 시도하지 않았다. 서해청과 목포서에 세월호와 교신하라고 지시하지도 않았다. 일상적으로 현장에서의 구조 활동은 지역구조본부 중심으로 이루어지고, 중앙과 광역까지 나서서 동시에 상황 지휘를 하게 되면 통신망에 혼선이 생긴다는 태도였다. 그러면서 본청이 직접 현장 통신망에 개입하는 경우는 많지 않다는 말을 반복했다.

오전 9시 37분 본청 경비과장이 일상적인 관례를 깨고 123정장에게 함정용 휴대전화 번호로 전화했다. 123정이 현장에 9시 35분에 도착했는데도 TRS로 현장 보고가 들어오지 않자 먼저 전화한 것이다. 둘은 2분 20초간 통화했다. 세월호의 상황을 묻자, 123정장이 "세월호가 좌현 50도로 기울었고, 구명정도 펼쳐져 있지 않으며, 갑판이나 해상으로 탈출한 승객이 없어 승객들이 모두 배 안에 있다"고 보고했다.

그렇게 그 시점에서 세월호의 상황을 제일 잘 알고 있는 곳은 엉뚱하게도 해경 본청 상황실이었다. 그렇다면 그런 보고를 듣고 상황실에서 중앙구조본부를 통솔하던 해경청장과 경비안전국장이 직접 지시한 것은 무엇이었는가. 해경청장과 경비안전국장은 이 경비과장과 123정장 사이의 통화 내용을 9시 40분에 인지했다. 해경 지휘부가 대다수의 승객이 배 안에 남아 있다는 정보를 확인하는 순간이다. 그러면서 경비안전국장이 문자시스템을 통해 123정에 지시를 내렸다고 주장했지만, 123정에는 도달하지 않았다. 123정에는 문자 시스템이 설치되어 있지 않은 상태였고, 경비안전국장은 이후 자신의 조치가 실행되었는지 확인하지 않았다.

123정장이 그 후에도 TRS로 현장 보고를 하지 않자, 경비과장이 다시 9시 42분 TRS로 123정에게 현장 보고를 하라고 독촉했다. 그러자 정장이 9시 44분 TRS로 보고했다.

"현재 승객이 안에 있는데 배가 기울어갖고 현재 못 나오고 있답니다. 그래서 일단 이곳 직원을 시켜가지고 안전 유도하게끔 유도하겠습니다."

123정이 TRS로 현장 보고한 것이 이때가 처음이었다. 9시 37분에서 9시 44분까지 이 7, 8분은 결코 짧은 시간이 아니다. 9시 37분에 전화 통화를 통해 상황을 파악했으면, 본청 상황실이 직접 바로 TRS나 문자시스템으로 상황을 전파할 수 있었는데, 굳이 123정에게 TRS로 다시 보고하라고 했던 것이다. 그렇다면 그동안 본청 상황실은 구조 세력에게 아무런 지시도 내리지 않은 것이 된다. 본청의 태도는 123정에게 'TRS로 당신들이 알아서 보고하고' 자신들은 책임지지 않겠다는 것이나 마찬가지였다.

그렇다면 본청 상황실은 가장 중요한 조치인 퇴선 조치를 내렸는가. 세월호특조위 청문회에서 그들은 정확한 대답을 하지 못했다. 다음과 같이 나중에 이행 여부를 확인도 하지 않을 지시를 했다고 주장했다고 했다.

"(9시) 46분에 구조구난특공대를 현장에 파견해서 승선을 시킬 것을 지시를 받고 50분에 '경찰관이 직접 승선해라' 그다음에 52분에 '승객 전원 라이프재킷을 착용시켜서 필요하면 해상으로 뛰어내리는 것도 검토하라' 이런 지시들이 계속해서 나갑니다."

9시 18분, '교신되지 않는다'

현장으로 출동한 123정으로부터 세월호와 관련한 상황이 보고되지 않자, 서해청이 오전 9시 18분 TRS로 123정에게 세월호와 교신되고 있는지를 물었다.

"123정장: 약 20분 후, 20분 이내 15분 후면 도착 예정.

서해청 상황실: 모든 P국, 대형 함정 도착시까지… 인원이 450명이니까 일사분란하게 구명벌… 교신되고 있습니까?

123정장: 현재 교신 안 되고 있음. 현재 목포 인근의 상선들이 사고 해상에 이동 중에 있습니다."

123정장은 세월호와 교신되지 않고 있다고 답했다. 그렇다면 교신되지 않는다는 정장의 말을 듣고 나서 서해청 상황담당관은 세월호와 다시 교신하라는 지시를 내렸는가. 청문회에 출석한 그는 확실한 답을 하지 않았다. 그때 세월호와 교신이 되지 않는다는 말을 들은 서해청 상황실은 어떻게 조치했어야 할까. 일단 해경 관내에 세월호와 교신되고 있는 부서가 있는지 찾아봤어야 했다. 매뉴얼대로, 조직 체계에 따라 찾아봤으면 진도VTS가 세월호와 교신하고 있음을 알아낼 수 있었다. 그리고 그것을 확인한 뒤 123정과 연결해주어 세월호와 교신하게 했어야 했다.

그리고 9시 18분 그때 서해청 상황실과 123정과의 통화를 통해 세월호의 승선 인원이 350명에서 450명으로 수정된 정보가 새로 확인되었다. 그렇다면 그 즉시 승객들을 구조할 대책이 강구되었어야 했다. 그런데 그 정보가 현장에 출동한 구조 세력에게 제대로 전파되었을까. B-511 헬기에 탔던 항공구조사가 세월호 선장 재판에서 증언한 내용을 보면, 그때 세월호의 상태에 대한 상황 전파가 지속적으로 되지 않았음을 알 수 있다.

"선내에 다수 승객이 있었다는 것을 알았더라면 분명히 어떤 수단과 방법을 가리지 않고 선내에 진입을 시도하려고 했을 것입니다."

물론 이들의 진술은 사실이 아니다. 당시 헬기의 구조 활동을 채증한 영상을 보면, 그들은 세월호가 기울어 승객이 배 밖으로 탈출하는 현장에 있었고, 선내에 대다수의 승객이 있을 가능성이 있다는 사실을 충분히 알 수 있는 상황이었다. 그럼에도 불구하고 그들이 '선내에 대다수의 승객이 있는지 몰랐'고 주장할 수 있는 이유는, 서해청이 구조 현장에 투입된 B-511, B-512 헬기에게 중요한 상황 정보를 다시 전파하거나 확인하지 않았기 때문이다. 헬기들의 소속처인 서해청은 세월호의 탑승 인원과 상황, 즉 배가 몇 도 기울었고, 지금 승객 대부분이 배 안에 있다는 사실을 알고 있는지 확인하지 않았다. 목포서에서 9시 3분부터 TRS로 계속 알렸기 때문에 다들 그 내용을 들었으리라고 생각했지, 꼭 들어야 할 구조 세력이 그 내용을 실제로 수신했는지를 확인하지 않은 것이다. 서해청은 교신 수단을 이용해 현장 구조 세력이 세월호의 상황을 제대로 알고 있는지 확인했어야 했다. 그것이 서해청이 존재하는 이유가 아닌가.

9시 27분, '대부분 배 안에 있다'

TRS 녹취록에 의하면, B-511 헬기는 9시 27분 사고 현장에 제일 먼저 도착해서 다음과 같이 보고했다.

"B-511 헬기: 대부분 선상과 배 안에 있음.

제주서 상황실: 밖으로 나와 있는 사람 없는지.

B-511 헬기: 해상에는 지금 인원이 없고, 현재 중간에 전부 다 있음."

이렇게 9시 27분이 되면, 이러한 보고를 받은 지휘부로서는 '세월호 사고 현장에 가면 바다에 사람들이 빠져 있을 것이다'라는 생각을 할 수 없는 시점이었다. '승객들이 모두 배 안에 있다'는 사실이 모두의 머릿속에 각인되었어야 했다. 하지만 나중에 보면, 결코 그렇지 않았다. 123정도 사고 현장에 도착하기 2마일 전이었고, 쌍안경으로 배가 45도 기울어진 모습이 보일 때였다.

해경 지휘부는 이 중요한 상황을 전파하지 않았다. 그때, 현장에 거의 도착하고 있는 구조 세력들에게 '지금 승객들이 바다에 빠져 있지 않고 배 안에 있으므로 배 안에 들어가 구조할 수 있는 방안을 모색하라'라는 지시를 했어야 했다. 당시 B-511 헬기의 그 TRS 보고를 들은 곳은 서해청이었다. 2014년 감사원 조사에서 서해청장은 9시 27분의 TRS 보고를 들었다고 진술했다. 그 보고를 들고 "승객이 선박 내부에 많이 있다는 것을 직감은 하였으나 계속 나오는 것으로 알았다"고 했다.

해경 지휘부는 그때 바로 퇴선 조치를 강구해 지시를 내렸어야 했다. 123정이 대공 방송으로 퇴선 방송을 하는 방법이 있었고, 구조대원이 세월호에 올라가서 선내 방송을 통해 승객들이 배 밖으로 나오도록 하는 방법이 있었으며, 구조된 선원들과 함께 배에 들어가서 승객들이 밖으로 나오도록 퇴선을 유도하는 방법이 있었다.[5] 하지만 셋 중 어떤 것도 지시하지 않았다.

---

5 1차 청문회에서 김진 위원의 신문과 발언을 참조했다.

—   현장에 도착한 123정,
     9시 30분부터 9시 45분까지

　　세월호가 진도VTS에 구조 요청을 했지만, 123정은 아무
런 구조 준비도 하지 않은 채 세월호로 향했다. 당시 세월호와 교신
을 유지하는 것이 무엇보다 중요했다. 하지만 목포서 상황실, 목포
서장이 타고 있던 3009함, 123정 모두 세월호와 교신하지 않았다.
서해청과 해경 본청의 지휘관들은 당연히 123정이나 목포서 상황
실에서 세월호와 교신을 취하리라는 안이함에 빠져, 구조 세력이 세
월호와 교신이 되고 있는지를 지속적으로 확인하지 않았다. 사고 현
장으로 구조 세력이 출동하기만 하면 저절로 승객을 구할 수 있는
것이 아니다. 철저한 사전 구조 준비가 필요한데, 구조 세력은 아무
런 준비도 하지 않았다. 차라리, 자신들이 준비되어 있지 않다는 사

실 그 자체를 다들 인식하지 못하고 있었다. 그래서 사고 현장에 도착하자 어떻게 구조해야 할지 몰라 모두들 그렇게 허둥지둥했고, 결국 승객들을 구하지 못했다.[6]

123정은 사고 현장에 도착해서도 현장지휘함으로서의 역할을 다하지 못했다. 가장 중요한 퇴선 방송을 하지 않았다. 그 바람에 승객들은 해경 경비정이 도착했음에도 갑판으로 나오지 못했다. 헬기 소리가 들리는데도 객실에서 자신들을 구조하러 오기를 기다리며 밖으로 나오지 못하고 대기하고 있었던 것이다. 해경이 선내로 진입해 승객들을 안전하게 대피시켜야 했음에도 그렇게 하지 않았다. 제대로 된 준비를 하지 않고 달려갔기 때문에 123정 승조원들은 눈앞에 닥친 상황에 당황해했다. 당연히 구했어야 할 생명을 희생시켰다. 123정장은 현장지휘관으로서 다른 구조 세력, 즉 헬기와 구조를 위해 주변에 왔던 어선들과 힘을 모아 최선을 다해 고귀한 생명을 구했어야 했다.

물론 이 모든 책임을 123정장 한 사람에게만 돌릴 수는 없다. 오히려 더 큰 책임이 상급 지휘관들에게 있다. 세월호의 상황을 123정에 제대로 알리지 못했고, 또 123정에 모든 책임을 떠넘겨버린 해경 본청, 서해청, 목포서의 책임자와 구조 담당자들이다. 오히려 그들에게 더 큰 책임이 있다고 볼 수 있다. 123정장의 항소심 판결에

---

6 세월호특조위 1차 청문회에서 장완익 위원의 신문 과정을 참고, 인용했다.

서도[7] 다음과 같이 다른 현장 구조 세력과 해경 지휘부에게 공동 책임을 인정하고 있다.

"피고인을 '현장지휘관'으로 지정한 후에도 해양경찰청 상황실에서는 2014. 4. 16. 09:36경 피고인에게 휴대전화로 전화를 걸어 2분 22초 동안 통화하고, 서해지방해양경찰청 상황실 등에서도 피고인과 TRS로 20여 회 통신하여 보고하게 하는 등 피고인으로 하여금 구조 활동에 전념하기 어렵게 하였으며, 평소 해경들에게 조난 사고에 대한 교육 훈련을 소홀히 하는 등 해경 지휘부나 사고 현장에 같이 출동한 해경들에게도 승객 구조 소홀에 대한 공동 책임이 있으므로, 피고인에게만 피해자들의 사망·상해에 대한 모든 책임을 추궁하는 것은 가혹한 점"(이 있다).

희생자들을 살릴 수 있었다. 살 수 있었다.

123정과 세월호와의 교신, 없었다

123정장은 오전 8시 57분 목포서 상황실장으로부터 함정용 휴대전화로 '서거차도 근해, 승선원 350명의 여객선 침몰 중이니 즉시 이동하라'는 연락을 받았다. 8시 58분에 다시 전화가 왔다. 침몰 위치가 수정되었다. '병풍도 북방 2마일, 승객 350명, 선명 세월호가 침몰

---

7 광주고등법원 2015. 7. 14 선고 2015노177 판결. 그 후 대법원은 2015년 11월 27일 123정장에게 퇴선 유도 조치 등을 소홀히 해 승객들을 사망 또는 상해에 이르게 한 업무상과실치사상 혐의 등에 대해 징역 3년을 선고한 원심을 확정했다.

하였으니 즉시 이동하라.'

그리고 9시 3분에서 9시 4분까지 1분 동안 123정의 항해팀장이 VHF 16번 채널로 3차례 세월호를 호출했다. "세월호, 세월호. 여기 목포해경입니다. 감도 있습니까?" 세월호는 응답하지 않았다. 그러자 123정은 더 이상 호출하지 않았다. 고작 3차례에 그쳤다. 당시 세월호는 진도VTS 관제 구역 안에 있었으므로 진도VTS 관제 채널인 67번으로 교신을 시도했어야 했다. 세월호는 67번 채널을 틀어놓았는데, 123정에서는 16번 채널로 계속 세월호를 호출했던 것이다. 그때 123정이 67번 채널로 교신을 시도했다면 교신이 가능했을 것이다. 하지만 67번으로 채널을 바꿔 다시 호출할 생각을 하지 않았다.

9시 16분 TRS에서 서해청으로부터 현장에 제일 먼저 도착할 예정인 배인 123정을 현장지휘함으로 지정한다는 내용이 나왔다. 123정장이 사고 현장을 지휘하는 현장지휘관(OSC)이 되는 순간이다. 서해청 상황담당관은 문자시스템을 통해서도 이 사실을 전파했다. 하지만 당시 세월호와 교신하고 있던 진도VTS는 123정장이 현장지휘관으로 지정된 사실을 인지하지 못했다. 그때 인지했더라면 세월호로부터 파악한 현장 상황을 123정에게 알릴 수 있었다.

9시 18분 서해청 상황실에서 TRS로 대형 함정이 도착할 때까지 123정이 가서 구명벌을 투하하라는 등 지시를 내렸다. 이때 승객 인원이 350명에서 450명으로 수정, 전파되었다. 그러면서 서해청 상황실이 123정에 '세월호와 교신되고 있는지'를 물었다. 123정장이

'세월호와 교신되지 않고 있다'고 답변했다. 이렇게 서해청으로부터 세월호와의 교신 상황을 묻는 질문을 받았으므로, 이때라도 123정장은 세월호와 교신을 다시 한 번 시도했어야 했지만 다시 시도하지 않았다.

만약 123정장이 세월호와의 교신에 관심을 갖고 승조원들에게 '꼭 교신하라'라고 했으면 어땠을까. 승조원들은 어떻게 해서라도 교신을 다시 시도했을 것이고, 성공하지 않았을까. 안타까운 가정이지만, 그때 교신이 되었다면, 123정장은 세월호 승객들이 선내에 대기하고 있다는 사실을 알 수 있었을 것이다. 그리고 123정이 도착하기 전이라도 세월호 선장이나 선원들에게 승객들을 탈출하기 쉬운 갑판으로 비상 집결시키라고 지시하는 등 대피 조치를 취했을 것이다. 그때 교신이 되었다면, 세월호는 123정이 출동해 가는 30분 동안, '선내에 대기하라'는 선내 방송 대신 '구명조끼를 입고 선원들의 안내에 따라 갑판으로 나오라'는 방송을 했을 것이다. 더 나아가, 그때 교신이 되었다면, 123정장은 TRS를 통해 세월호의 상황을 해경 본청과 서해청, 목포서에 보고했을 것이고, 이러한 전파를 받은 해경청장, 서해청장, 목포서장이 더 구체적이고 적극적인 지시를 내렸을 것이다.

세월호는 그동안 VHF 67번 채널을 틀어놓고 있다가, 9시 25분과 9시 28분 두 차례 걸쳐, 이번에는 16번 채널로 바꿔 교신을 시도했다. "해양경찰! 여기는 세월호입니다. 감도 있습니까?" 해경을 호출했으나 123정은 응답하지 않았다. 물론 이때 목포서 상황실도 응답하지 않았다. 이동 중이던 3009함도 응답하지 않았다. 123정장은 검찰 조사 등에서 한결같이 이때 VHF를 듣지 못했다고 주장했다. 123정이 채널이 16번으로 맞춰져 있었고, 세월호와 가장 가까운 위치에 있었음에도 정작 세월호가 해경을 찾았을 때 그 통신을 듣지 못했다는 것이다.

9시 25분 123정장은 세월호 전방 2마일 해상에 도착해 쌍안경으로 세월호의 상황을 살펴보았다. 9시 28분 TRS로 "현재 123정 도착 2마일 전, 쌍안경으로 현재 선박 확인 가능, 좌현으로 45도 기울어져 있고, 기타는 확인되지 않음"이라고 보고했다. 123정의 TRS 첫 보고였다.

출동 지시를 받고 세월호를 향해 출발해 가면서, 123정장은 인력 배치표를 짜지도 않았고 그에 맞추어 승조원들에게 임무를 부여하지도 않았다. 각 승무원들에게 '세월호 현장에 도착하면 누구는 어떻게 하라'라는 구체적 사항을 지시하지 않았다. 세월호의 지금 상황이 어떠하고, 승객 450명이 타고 있는 상황이니까, 우리가 가서 어떤 임무를 수행하면서 승객을 구해야 한다는 식의 구체적 임무를 부여하지 않았다. 구조 준비가 되어 있지 않았던 것이다.

퇴선 방송을 하지 않았다

123정장은 검찰 조사에서 오전 9시 30분 상황에 대해 다음과 같이 진술했다.

"9시 30분 세월호 전방 1마일 해상에 도착해보니, 세월호가 약 50도 정도 기울어져 있었고, 상공에 헬기가 있으며, 세월호 선수와 선미에 컨테이너가 표류하고 있고, 또 세월호 인근 바다에 떠 있는 승객도, 갑판에 나와 있는 승객도 없었다."

나중에 세월호특조위 청문회에 나와서는, 당시 '승객들이 모두 구명조끼를 입고 해상에 나와 있거나, 해상으로 나오기 위해 준비하고 있을 줄 알았는데, 아무도 보이지 않아서 당황했다'고 말했다. 123정은 도착해보니 갑판에도, 해상에도 승객이 보이지 않자 당황한 나머지, 눈에 보이는 사람들을 우선 구조하기 시작했다고 주장했다. 하지만 정작 퇴선 방송을 할 생각을 하지 않았다. 당시 상황에서는 승객들이 선내에서 대기하고 있었으므로 탈출하기 쉬운 갑판으로 나오도록 퇴선 방송을 하는 것이 절대적으로 필요했다. 퇴선 방송만 했으면 많은 승객을 구할 수 있었다.

123정장은 감사원 조사와 검찰 조사에서 초기에는 '현장에 도착해서 고무단정을 내리기 전인 9시 35분 부장에게 퇴선 방송을 하라고 지시했고, 퇴선 방송이 이루어졌다'고 주장했다. 그러다가 나중에 가서, 퇴선 방송을 하지 않았음을 자백했다. (2014년 4월 28일 열린 기자회견에서 123정장은 당시 퇴선 방송을 했다고 허위 발표를 했다. 그 후 해경청장이 세월호특조위 청문회에 나와서는 스스로, 그 기자회견을 지시한 사람이 바로 자신이라고 밝혔다. 하지만 그 퇴선 방송을 했다는 발표 내용에 대해서는 모른다, 기억나지 않는다고 주장했다.)

또 9시 27분부터는 헬기가 사고 현장에 출동해 있는 상황이었다. 상황을 파악하기 위해 123정이 TRS로 헬기를 호출했지만 헬기가 응답하지 않았다. 더 이상 호출하지 않았다. 123정은 현장지휘관으로서, 출동한 구조 헬기를 지휘할 권한이 있었는데, 헬기들과 교신하지도, 결국 지휘하지도 못했다. 당시 헬기에는 항공구조사가 대기하고 있었다. 123정장이 헬기와 교신해, 항공구조사를 선내에 진입시키도록 지시했더라면, 항공구조사가 세월호 안에 있는 방송을 이용해 퇴선 방송을 할 수 있었다. 123정장은 그 생각을 아예 하지 못했다고 주장했다. 해상에 있는 123정에서 세월호로 올라가는 것보다 하늘에 있는 헬기에서 세월호로 내려오는 것이 선내 진입에 수월했는데도….

9시 35분 123정은 세월호에 가까이 접근해 가면서 고무단정을 내렸다. 9시 37분 세월호에 대한 1차 구조였다. 그때 고무단정에 구조를 위해 단 2명을 태워 보냈다. 123정에는 해경 10명과 의경 3명이 타고 있었고, 고무단정은 하나뿐이었다. 고무단정에 탈 수 있는 최대 인원은 7명이었다. 그 구조 세력으로 450명 승객을 구한다는 것은 애초부터 말이 되지 않았다.

첫 번째로 간 고무단정은 세월호 기관부 선원들을 구조해서 돌아왔다. 당시 선수 조타실 쪽에서 사람들이 구조 요청을 하는 것을 본 한 승조원이 세월호에 올라가서 구명벌을 터뜨린 것이다. 그리고 9시 45분 123정 자체가 세월호 선수에 접안해 이번에는 이준석 선장 등 세월호 선원들을 구조했다.

선원들을 먼저 구했더라도, 선원들이 세월호의 구조와 선내 상황을 잘 알고 있는 이상 그들과 함께 구조 작업을 진행했어야 했다. 그렇다면, 123정 승조원들은 구조해온 사람 중에 선장이나 선원이 있는지 확인했는가. 구조한 사람들 중에는 선원임을 충분히 간파할 수 있는 복장을 한 이들이 있었는데, 123정장과 승조원 중 누구도 선원임을 확인하지 않았다고 주장한다. 이때 고무단정이나 123정이 세월호 선장과 선원을 구조하러 갈 것이 아니라, 선미로 가서 탈출하려던 승객들을 먼저 구했어야 했다. 더 나아가 이때 승조원이 세월호 선내로 들어가 '해경입니다. 거기에 누구 없어요?' 이 한마디만 했더라도 많은 생명을 구할 수 있었다.

9시 44분, 결정적 시간

오전 9시 44분. 123정이 현장에 도착해 TRS로 보고한 것이 이때가 처음이었다. 승객 대부분이 배 안에서 나오지 못하고 있다는 내용이었다.

"현재 승선객이, 승객이 안에 있는데 배가 기울어갖고 현재 못 나오고 있답니다. 그래서 일단 이곳 직원을… 시켜가지고 안전 유도하게끔 유도하겠습니다."

이 보고는 9시 27분 현장에 맨 처음 도착한 B-511 헬기가 보낸 내용보다 훨씬 구체적이었다. 들은 사람은 누구라도 해경이 세월호에 승선해 승객들을 탈출시키는 것이 중요하다는 것을 인지할 수 있는 상황이었다. 앞서 말했듯이, 이 교신을 최초로 인식한 곳이 서해청 상황실이었다. 그러면 그때 서해청은 누가, 어떤 지시를 내렸는가.

9시 48분에 또 123정이 '잠시 후에 침몰함'이라고 긴급한 상황을 TRS로 보고했을 때는 123정이 고무단정을 내리고 구조를 시작한 지 10분이 넘었을 무렵이었다. 그리고 대부분의 승객이 선내에 있다는 사실이 전파되어서 모든 해경이 세월호의 상태를 알게 된 시점이다. 그런데 9시 48분 서해청 상황실은 TRS로 다음과 같은 서해청장의 지시를 전했다.

"123정 직원들이 안전 장구를 갖추고 여객선에 올라가지고 승객들이 동요하지 않도록 안정시키기 바람."

'잠시 후 침몰할 것 같은 배에 승객 대부분이 갇혀 나오지 못하고 있다'는 보고가 들어왔는데, 그 시점에 지휘관이 '안전 장구를 갖추고 여객선에 올라가라'고 지시하는 것이 적절한 조치였을까. 서해청은 123정의 보고 내용인 '침몰'에 대해서는 별다른 반응을 하지 않았다. 해경 본청과 목포서장이 나서서 123정과 연락하고 있는 상황에서 자신들까지 나서면 지휘상 혼선을 일으킬 우려가 있다는 또 그이유였다.

一 　위기에 어떤 지시를
　　　내렸는가

처음에 구조한 사람들이 선원들이라는 사실

　　123정이 처음 고무단정을 내려서 구조한 세월호 기관실
직원이 5명이었다. 당시 그중 3명이 스즈키 작업복(상하의가 붙어 있
는 일체형 작업복)을 입고 있었다. 보통 사람들이 입고 다니는 옷이 아
니어서 금방 눈에 띄었을 것이고 그들이 선원임을 짐작할 수 있었
다. 하지만 청문회에 나온 123정 승조원들은 이 사실을 계속 부인했
다.[8] 구조한 다음에도 선원들의 인적 사항에 대해 전혀 묻지 않았다
고 했다. 물론 이때 서해청이나 목포서 상황실로부터도 '선장과 선
원들을 찾아 선박 내 승객 대피 현황을 확인한 다음, 선원들을 선내

---

8 1차 청문회에서 이호중 위원의 발언을 참조했다.

구조 활동에 참여시켜라'는 지시가 나오지 않았다.

123정장이 오전 9시 44분 TRS로 보고한 내용을 보면 "현재 승객이 안에 있는데 배가 기울어갖고 현재 못 나오고 있답니다"라고 되어 있다. 그런데 '~답니다'라는 표현은 남에게 전해들은 말을 인용할 때 쓰는 말이다. 이에 대해 123정장은 청문회에서, 당시 조타실에 있던 직원인지 구조된 사람인지가 하는 말을 어깨 너머로 들은 것이라고 진술했다. 정장은 끝내 그 사람이 누구인지 모르겠다고 했다. 9시 44분 정장이 TRS로 보고할 때는 고무단정이 기관실 선원들을 태워서 123정에 데려다 놓고, 123정이 조타실 쪽의 선원들을 구조하려고 막 세월호에 접안하고 있을 때였다. 그렇다면 정황상 정장의 등 뒤에서 말한 사람은 123정의 승조원이 아니라 구조한 5명의 선원 중 한 사람일 수도 있다.

승조원들이 처음 구조한 사람들이 승객이 아니라 선원이라는 사실을 알았다고 볼 수 있는 직접적인 증거는 현재로서는 없다. 하지만 간접 증거를 추려보면 다음과 같다.

첫째, 당시 구조된 사람들의 복장이 일반 승객들이 입는 옷차림이 아니었다. 또 그들은 조타실에 있다가 구조되지 않았는가. 둘째, 구조된 14명 선원 중 9명이 '자신이 선원이라고 말을 했다'고 검찰 조사에서 진술을 했다. 셋째, 승객을 구조하면 다친 데는 없는지, 승객인가 선원인가 등 인적 사항에 대해 묻는 것이 상식에 부합하는 행동 방식인데, 승조원들은 이에 대해 묻지 않았다. 넷째, 123정장이

TRS로 보고할 때 남한테 들은 이야기를 인용하는 방식으로 보고했다. 그 인용된 내용은 당시에 구조된 사람이 말한 것일 가능성이 있다. 다섯째, 구조된 선원 중 일부가 당시 123정 조타실에 정장과 같이 있었다고 진술했다. 여섯째, 123정에서 구조한 승객들을 전남707 행정선에 옮겨 태우게 되었는데, 인계하면서 5명이 남았다. 그때 남은 이들은 전부 선원이었다. 우연히 선원들만 남지는 않았을 것이라는 말이다.

3009함을 타고 뒤늦게 현장에 도착한 목포서장

목포서장은 전날부터 중국 어선의 불법 조업을 단속하던 중이었다. 참사 당일 오전 9시에 세월호로부터 64마일 떨어진, 가거도 북서쪽에 있던 3009함에 헬기를 타고 도착했다. 서장은 헬기에서 내려 조타실로 들어가던 중 9시 3분에 3009함 측으로부터 세월호 사고에 대한 보고를 받았다. 그러면서 곧바로 3009함장에게 '구조할 수 있는 모든 세력을 총원 대기시키고, 전속으로 기동시켜라. 그리고 구조 용품도 준비하라'고 지시했다. 하지만 그것은 해양 사고가 나면 으레 하는 일반적인 지시였다.[9]

서장이 탄 3009함은 9시 10분 출발해 세월호 사고 현장에 11시 40분에 도착했다. 이미 세월호는 가라앉은 뒤였고, 상황은 끝나 있

---

9 1차 청문회에서 권영빈 위원의 신문 과정과 발언을 참조했다.

었다. 그러니까 목포서장과 3009함장은 현장으로 출동하는 도중에 세월호 침몰 과정을 TRS로 듣게 되었을 뿐이다. '우리가 도착했을 때는 구조가 이미 늦겠구나' 하고 사전에 간파했을 테니, 그들은 '가는 도중에' 123정과 출동한 구조 세력에게 적절한 지시를 내렸어야 했다. 1분 1초가 급한 그 상황에서 목포서장은 과연 무슨 지시를 내렸을까.

9시 14분 목포서장의 지시

목포서장은 오전 9시 14분 경비전화로 목포서 상황실장에게 전화해 조치했다(정확히 말하면, 서장이 그렇게 조치했다고 주장했다). '총원 비상소집 하고, 유관 기관과 해군 등에 통보하라. 그리고 122구조대를 급파하라.' 그때 상황실장으로부터 123정이 9시 30분에 현장에 도착할 것이라는 말을 듣고서, 지시를 덧붙였다. '123정이 도착하자마자 바로 직원들에게 세월호에 올라가 구명벌을 터뜨리도록 하라. 그리고 선장을 찾아서 선장한테 그 배의 상황을 적의 판단하게 해 퇴선시킬 수 있도록 조치하라.'

하지만 목포서 상황실장은 2014년 6월 2일 감사원 조사에 나와 서장의 말과 엇갈린 진술을 했다. 서장이 지시했다는 7가지 지시에 대해 이미 자신이 조치한 사항이거나, 아니면 특별한 지시 사항이 아니라는 이유로 자신은 아무런 조치를 취하지 않았다고 했다.

"당시 지시 사항은 서장님은 물론 상황대책팀 모두가 구체적인 현장 상황 파악도 안 된 상황이었으므로, 특별한 의미는 없이 단지 매뉴얼에 있는 일반적인 조치 사항을 잘하라고 지시한 것으로서, 별도 의미 있는 지시는 아니었다고 생각합니다. (…) 매우 중요한 지시라면 제가 간접 지시하기보다는 서장님이 TRS를 통해 다시 한 번 재차 직접 지시하였어야 한다고 봅니다."

"사고 상황 당시 초기에 상황실 직원들에게 잘하라는 정도의 지시 사항이었다고 생각합니다."

이러한 상황실장의 주장은 서장의 지시를 구체적이고 특정한 지시가 아니라 일반적인 지시로 받아들였다는 말이다. 이미 상황실에서 기본적으로 조치하고 있던 정도의 내용이고, 당연히 해야 하는 것이었기에 별도로 지시를 이행하지 않았다는 것. 그러니까 상황실장이 경황이 없고 긴박한 상황이라서 서장의 지시에 대해 조치를 하지 않은 것이 아니라, 서장의 지시 중 특별한 지시가 없다고 판단해서 별도의 조치를 취하지 않았다는 것이다.

그러다가 2014년 7월 3일 검찰 조사에서는 서장의 지시에 대해 잘 기억나지 않는다고 하다가, 곰곰이 생각해보니 기억이 난다고 했다. 그러면서 이번에는 "내가 그렇게까지 많은 지시를 받았던가" 하고 말을 바꾸었다. 어쨌든 상황실장이 서장에게 어떤 지시를 받았다 하더라도 실제로 이행된 지시는 하나도 없는 셈이었다.

참사 후 얼마 뒤에 목포서장이 징계위원회에 회부되면서 나온 결정을 보면, 징계위원회는 서장이 9시 14분 상황실장에게 뭔가를 지시했다는 주장은 '책임을 회피하기 위한 변명'이었다고 판단하고 있다. 징계위원회가 작성한 2014년 10월 29일 징계의결서에 다음과 같은 대목이 나온다.

"위 대상자[목포서장]가 상황실 근무 경위에게 지시했다는 내용을 보면 초동 조치에 관한 기본 사항으로서 목포해양경찰서 상황실에서 이미 조치했던 원론적인 내용에 불과한 것이거나 당시 현장 상황과는 맞지 않는 부적절한 지시였으며, 이러한 지시 이후 지시 사항이 제대로 이행되었는지 확인하지도 않은 것을 볼 때, 위 사람의 주장은 책임을 회피하기 위한 변명에 불과한 것으로밖에 볼 수 없으므로, 대상자는 세월호 사고 관련 다수의 인명을 구조하지 못하고 피해가 발생된 직무 태만의 비위 사실이 인정되므로 엄중 처벌함이 옳다고 판단된다."

그런데 목포서장은 세월호특조위 청문회에 나와서, 9시 14분 자신의 지시는 구체적인 것이었으며, 책임을 회피한 것이 아니었다고 강력하게 주장했다. 조금도 물러서지 않았다. 과연 그러한가.

9시 30분 이후 목포서장은

그럼, 123정이 오전 9시 30분 사고 현장에 도착한 이후, 서장은 어떤 일을 했는가. 서장은 9시 31분에 경비전화로 목포서 상황실로 전화해 '진도군청에 연락해서 저도에 있는 행정선하고, 그다음에 거기 침몰해선 근처 맹골도, 서거차, 동거차 그쪽에 있는 어선들을 최대한 빨리 동원하라'고 지시했다고 주장했다. 또 얼마 뒤에는 마찬가지로 경비전화로 진도파출소에도 지시했다고 했다. 그런데 그것은 경비전화로 지시한 것이어서 본청 상황실이나 서해청 상황실에서는 공유할 수 없는 상황이었다.

2014년 5월 30일 감사원 조사에서 조사관은 서장에게 '현장에서 구조 세력 123경비정, 헬기 3대가 도착하고도 현장 상황 보고가 늦게 되었을 뿐 아니라 목포서, 서해청 상황실에서 현장 상황 파악 지시도 제대로 이루어지지 못하고 있는데도, 증인은 3009함에서 TRS 또는 문자시스템이 있는데도 상황 지시를 하지 않은 이유가 무엇입니까'라고 물었다. 서장은 그때 다음과 같이 대답했다.

"아까 말씀드린 대로 현장지휘관과 상황실에서 잘 알아서 하고 있는 것으로 보았고, 또한 최선을 다한다고 생각해서 제가 특별히 개입하지 않았습니다."

이 점과 관련해 서장의 징계의결서에는 다음과 같은 언급이 나온다.

"증인은 3009함에 있으면서도 9시 14분경 상황실장에게 전화를 걸어 가용 세력 총동원 등을 지시한 것 이외에는 9시 56분경까지 아무런 지휘를 한 것이 없는 것으로 볼 수 있(다)."

또 9시 27분 B-511 헬기가 보고한 내용, 즉 '대부분 선상과 배 안에 있음'이라는 TRS를 서장이 들었는지는 확인되지 않았다. 당시 같은 배를 타고 있던 3009함장도 청문회에 나와, 이에 대해 확인해

주지 않았다.

그렇다면, 9시 30분 123정이 현장에 도착하기 전에 목포서장은 123정장에게 직접 지시를 내린 적이 있는가. 청문회에 나온 123정장은 사고 현장에 도착하기 전까지는 서장의 지시를 받은 적이 없다고 증언했다. 9시 30분 현장에 도착할 때까지 목포서 상황실이나 3009함, 또는 서장으로부터 '대공마이크를 이용해 즉시 퇴선 방송을 실시하라. 또 세월호에 직접 승선해 구명벌을 투하하라' 같은 지시를 TRS로 받은 적이 없다고 했다.[10] 결국 서장은 9시 14분에 목포서 상황실장에게 지시를 내렸다고 하지만, 상황실장은 그 지시에 대해 조치하지 않았으니, 아무것도 이행되지 않은 것이 되고, 이후 구조 활동과 관련해서는 123정장에게 사실 어떠한 지시도 한 게 없는 것이 된다.

9시 44분 123정장이 TRS로 보고할 때까지 서장은 현장 상황에 대해 알고 있는 것이 따로 없었다. 350명이 탄 여객선 세월호가 침몰 중이라는 사실뿐이었다. 당시 세월호와 진도VTS가 교신하고 있었다는 사실도 사나흘 지난 뒤 언론 보도를 보고 알았다고 했다. 감사원 조사에서 서장은 "세월호와 진도VTS 간 교신 사실, 9시 7분부터 9시 27분까지 교신 사실을 사실상 언론 보도를 통해서 알았다"고 진술했다. 그의 말은 해경의 최적임 지휘자가 참사 당시 하루 종일, 세

---

10 1차 청문회에서 이호중 위원의 신문과 발언을 참조했다.

월호와 진도VTS 사이에 교신이 있었다는 사실을 몰랐다는 이야기가 된다.

그렇다면, 지금까지 살펴본 바와 같이 서장은 당시 3009함에 있으면서도 세월호 구조 작업에 대해 실제로 보고받거나 지휘한 게 별로 없다고 할 수 있다.

9시 30분 이후 해경 지휘부들은

목포서장이 3009함에서 오전 9시 3분에 세월호 사고 소식을 접했을 당시, 3009함에는 마침 서장 자신이 타고 온 B-512 헬기가 있었다. 마음만 먹으면 헬기를 타고 곧바로 사고 현장으로 갈 수 있는 상황이었다. B-512 헬기가 당시 9시 17분에 이륙해서 28분 걸려 사고 현장에 도착했으므로, 서장이 9시 10분쯤 출발했다면 9시 40분쯤에는 사고 현장에 도착할 수 있었다. 대형 인명 사고로 직결될 위험이 있는 상황에서 서장이, 구조함도 아니고 경비정인 123정의 보고를 받으며 지휘하는 것보다는 직접 사고 현장에 가서 상황을 보며 구조 활동을 지휘하는 게 훨씬 효율적이지 않았을까.

서장은 헬기를 타고 현장으로 가는 것을 고민하다가 가지 않기로 결심했다. 그는 세월호특조위 청문회에 나와서, 그 이유로 '헬기에서는 소음 때문에 지휘하기 힘들고, 123정에는 헬기가 착륙할 장소가 없으며, 결국 지휘의 효율이 떨어진다'는 것을 들었다.

"헬기를 타고 갈까 말까 고민하는 과정에 헬기는 우리 구조 구난 상황에 발 빠른 기동을 해서 한 사람이라도 더 구조하는 임무를 해야 한다는 생각을 갖고 헬기는 보내고, (…) 제가 헬기에서, 거기서 지휘할 수 있는 그런 시스템이 헬기에 갖춰져 있지 않습니다. 거기 헬기에 소음이 강해서 갖춰져 있지 않고, 그다음에 123정으로 제가 내린다 하더라도 123정에서 그 시간에 구조할 여력을 뺏는 결과가 발생합니다. 그러한 연장선에서 볼 때 제가 헬기에서 한 번도 내려서 지휘해본 적이 없거니와 123정이 거기에 내릴 수 있는 공간이 없습니다. (…) 설사 제가 거기에 내렸다 하더라도 거기에서 지휘할 수 있는 것은 TRS 하나밖에 없습니다. 거기는 메신저도 안 되고, IP 전화기도 안 되고 그런 것도 없습니다, 123정은."

하지만 지휘의 효율을 위해 3009함에 그대로 머물렀다는 서장의 말은 짜 맞춘 논리에 불과하다. 당시 헬기에는 통신 장비가 갖추어져 있었고, 서장은 3009함에 머물면서도 123정에 적절한 지시를 내리지 못했다.

앞서 말한 서장의 징계의결서에는 다음과 같은 판단이 나온다.

"탑승 인원이 수백 명에 이르는 대형 여객선인 세월호 침몰 사고에 대한 구조 활동을 해양 사고 지휘 경험이 없는 100톤급 소형 경비정 123정의 정장에게 맡길 것이 아니라, 사고 수습 등 현장 경험이 많은 소청인[목포서장]이 사고 현장으로 헬기를 타고 직접 이동하여 세월호의 침몰 상태, 승객, 대피 상황 등 현장 상황을 확인하여 승객을 탈출시키는 등 구조 세력을 진두지휘하여 구조가 이루어지도록 했어야 할 것이다."

결국 서장은 3009함을 타고 가면서도 세월호 사고 현장을 파악하지 못해 현장 상황에 적합한 구조 활동을 지시하지 않았고, 현장에서 사고 수습을 해야 하는 직책에 있었음에도 직접 헬기를 타고 사고 현장으로 이동하지 않았다.

초기 구조 시간이 지나고 10시가 다 되어가던 9시 56분 목포서장은 TRS로 123정장에게 다음과 같은 지시를 내렸다.

"그 근처에 어선들도 많고 하니까 배에서 뛰어내리라고 고함치거나 마이크로 뛰어내리라고 하면 안 되나, 반대 방향으로."

"그러니까 항공 구조는 당연히 하는데 정장이 판단해가지고 우현 쪽으로 난간 잡고 올라가서 뛰어내리게 해서 바다에서 구조할 수 있는 방법을 빨리 검토해 그렇게 해야지. 만약에… 뛰어내리게 조치하라고."

"차분하게 마이크를 이용해서 활용하고, 우리가 당황하지 말고 우리 직원도 올라가서 하고. 그래 안 하면 마이크를 이용해서 최대한 안전하게 행동할 수 있도록 하시기 바랍니다."

이 9시 56분 TRS 지시가 사실상 구조 활동과 관련되어 서장이 내린, 첫 번째 구체적인 구조 지시라 할 수 있다. 다시 말해, 서장이 3009함에서 9시 56분까지 적극적인 상황 지휘를 하지 않았다고 볼 수 있다. 그런데 9시 56분이면 세월호가 60도 이상 기울었을 때였다. 경사가 심해서 승객들이 배 밖으로 나올 수 있는 시점이 이미 지난 뒤였다. 123정은 경사가 심해 해경 직원들조차 배 안으로 올라갈 길이 없다고 보고하고 있었다. 항공 구조만이 가능하다고 외치고 있었다. 서장은 그렇게 갑판 위로 승객이 나올 수 없다는 정보를 알고 있으면서도 그런 때늦은 지시를 내린 것이다.

10시 4분에도 서장은 TRS로 123정장에게 비슷한 지시를 반복했다.

"정장, 그러면 다시 한 번 침착하게 방송해가지고 반대 방향 쪽으로 뛰어내리게끔 유도해봐. 지금 그 안에 갇힌 사람들이 웅성웅성하고 상황에서 제일 먼저 한 사람만 밖으로 빠져나오면 다 줄줄이 밖으로 따라 나오니까, 방송해가지고 방송 내용이 안에까지 전파될 수 있도록 한번 해보세요."

하지만 123정은 그즈음 더 이상 세월호 앞으로 나아가지 않았다. 한번 물러난 뒤 거리를 두고 지켜보면서, 승객들을 향해 '지금 즉시 배 밖으로 나오세요'라는 방송을 시도조차 하려 하지 않았다.

그리고 목포서 상황실에서도 상부에 허위 보고가 계속되었다. 목포서 상황실에서 문자시스템으로 통신한 내용을 살펴보면, 9시 14분에 '세월호 관계자 전화 통화를 한 결과 현재 침수 중이고, 침몰 위험, 구조 요청한다는 사항입니다'라고 되어 있다. 허위 내용이었다. '세월호 관계자'가 아니라 승객과 전화 통화를 한 것이었다. 또 9시

18분 본청 상황실에서 '여객선 전원 여객 구명도의 착용 조치'라고 묻자 목포서 상황실에서 '조치했습니다'라고 답변했다. 그다음 9시 54분 본청 상황실에서 '동원 선박은 부유물 최대 동원, 투하 조치. 123정 구명벌 투하 지시'라고 묻자, 목포서 상황실에서 '투하 지시 완료했습니다'라고 답했다. 9시 58분에는 '승객 해상으로 구명의 입고 나오라고 지시 중'이라고 보고를 하고, 10시 2분에는 '탈출하라고 대공방송 중'이라고 문자를 올렸다. 실제로는 목포서 상황실에서 이러한 조치를 하지 않았음에도 불구하고 문자시스템으로 허위 보고를 한 것이다.

9시 39분에는 본청 상황실에서 경찰청(육경) 위기관리실과 통화했다. 경찰청에서 '현재 침몰된 상황이 급박한 겁니까'라고 묻자, 본청 상황실은 '현재 지키고 있으니까 가능합니다'라고 답했다. 육경이 '도와줄 것이 없느냐'고 묻는 질문에도 '육경이죠. 우리가 다 했으니까 우리 해경하고 해군하고 다 하고 있으니까'라고 말했다. 9시 39분이면 심각한 상황이었고 전원 구조의 전망을 갖기 힘든 상태였는데, 어떻게 해경은 '우리가 다 할 수 있으니까 육경에게 도움을 청할 것은 없다'고 말할 수 있는가.

또 실제로 서해청 특공대 10여 명이 이동을 하기 위해 이동 수단을 처음 알아본 시각은 9시 35분이었고, 헬기를 지원받아 현장으로 떠나기 시작한 것은 10시 25분이었다. 11시 35분에야 사고 현장에 도착했다. 군산서 122구조대도 출발한 시각이 9시 40분을 넘어서였고, 11시에 도착했다. 이렇게 늦장 출동한 것을 보더라도, 과연 지휘부가 그들에게 정확한 출동 지시를 내렸는지 확인할 필요가 있다.

그리고 10시 17분 본청 상황실은 문자시스템으로 '여객선 자체 부력이 있으니까 바로 뛰어내리기보다는 함정에서 차분하게 구조할 것'이라는 지시를 내렸다. 그 시점은 세월호의 선체가 100도 이상 기울어져서 거의 전복되어버린 상황이었다. 그런 상황을 몰랐다 하더라도, 배가 곧 침몰할 것 같다는 123정장의 현장 보고가 30분 전쯤에 있었고, 모든 구조 세력이 들었는데도, 어떻게 현장지휘관의 보고를 무시하고 그런 지시를 내릴 수 있는가. 본청에서 적절한 구조나 조정에 대한 지휘가 이루어지지 않은 것이다.

세월호 참사 초기 현장 상황

9시 47분, 9시 51분 123정이 세월호에 접안해 선원들을 우선 구조하던 당시 123정에서 찍은 사진. 같은 시각에 해경의 도움을 받지 못한 채 선미 쪽에서 탈출하는 승객들의 모습을 표시했다.

세월호특조위 2차 청문회. 2016년 3월 28일, 3월 29일 서울시청에서 열렸다.

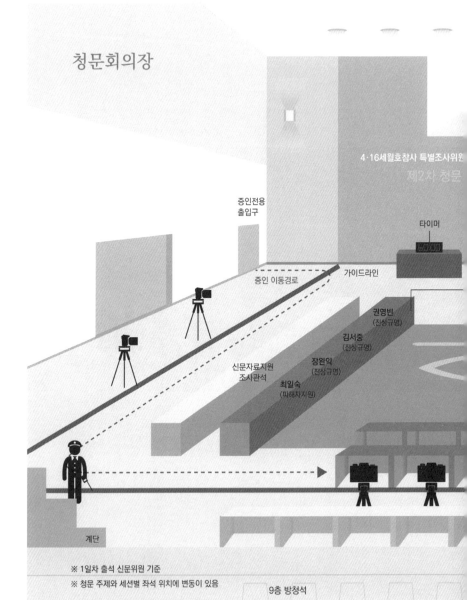

청문회의장

4·16세월호참사 특별조사위원회
제2차 청문

증인전용
출입구

타이머

증인 이동경로   가이드라인

권영빈
(진상규명)

김서중
(진상규명)

장완익
(진상규명)

신문자료지원
조사관석

최일숙
(피해자지원)

계단

※ 1일차 출석 신문위원 기준
※ 청문 주제와 세션별 좌석 위치에 변동이 있음

9층 방청석

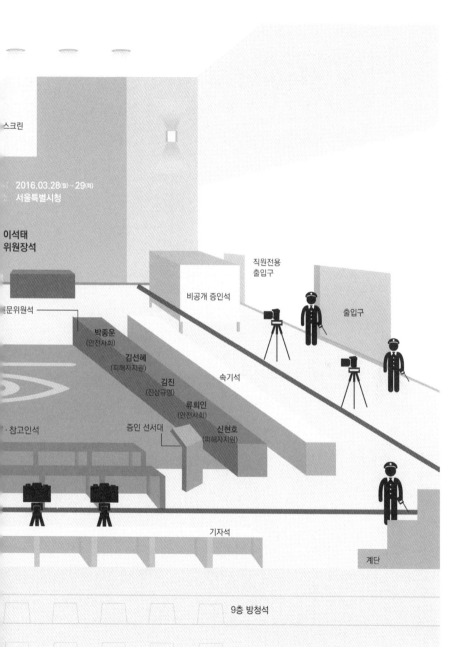

스크린

2016.03.28(월) ~ 29(화)
서울특별시청

이석태
위원장석

문위원석

박종운
(안전사회)

김선혜
(피해자지원)

김진
(진상규명)

류희인
(안전사회)

신현호
(피해자지원)

증인 선서대

참고인석

비공개 증인석

직원전용
출입구

출입구

속기석

기자석

계단

9층 방청석

교신녹취의 두 가지 형태

녹취록 형태

표 형태(음성 및 문자 지시
사항 분석내용)

녹취록1, 2 내용비교

091701	상1 : P302 여기 상1 P302 : P302 상1 : P302는 중국어선을 P05정한테 인수인계를 잘하고 다음에 지금 현재 긴급 출항.	상1 : P302 여기 상1 P302 : P302 상1 : P302는 중국어선을 P05정한테 인수인계를 잘하고 다음에 지금 현재 긴급 출항.
09:18:43		명인집타워 : P123 여기 명인집타워 P123 : 여기 P123 명인집타워 : 정장 받아봐요 P123 : 현재 정장입니다. 현재 남은거리 한 5마일. 약 20분 후. 20분이내 15분 후면 도착예정 이상. 명인집타워 : 모든 P국 대형함정 도착시까지 --- 인원이 450명 이니까 일사분란하게 구명법 --- 교신되고 있습니까? P123 : 현재 교신 안되고 있음. 현재 목포 인근의 상선들이 현재 사고해점에 이동 중에 있습니다. 명인집타워 : 방송을 해가지고 얘기를 해가지고 전부 동원될 수 있도록 ---

- ✓ 제출 주체에 따라 작성방법이 달라지고 중요내용이 은폐되고 있음.
- ✓ 녹취록은 객관적으로 상황을 그대로 전달해야 하고 수정되지 못하도록 관리되어야 함.

9:18:43 비어 있는 내용

- **명인집타워** : P123 여기 명인집타워
- **P123** : 여기 P123
- **명인집타워** : 정장 받아봐요
- **P123** : 현재 정장입니다. 현재 남은거리 한 5마일. 약 20분 후, 20분이내 15분 후면 도착예정 이상.
- **명인집타워** : 모든 P국 대형함정 도착시까지 --- **인원이 450명이니까 일사분란하게 구명벌** --- 교신되고 있습니까?
- **P123** : 현재 교신 안되고 있음. 현재 목포 인근의 상선들이 현재 사고해점에 이동 중에 있습니다.
- **명인집타워** : 방송을 해가지고 얘기를 해가지고 전부 동원될 수 있도록 ---

※ 명인집타워=서해청 상황실

해경은 세월호특조위에 교신 녹취를 보낼 때 제출 주체에 따라 다른 형태의 녹취를 제출했다. 중요 내용이 빠진 곳도 있었다.

TRS 09:44:08

123정 : "현재 승선객이 승객이 안에가 있는데 배가 기울어 갖고 현재 못 나오고 있답니다. 그래서 일단 이곳 직원을 000 00 00 시켜가지고 안전유도 하게끔 유도하겠습니다. 이상"

세월호 사고 현장에 도착한 현장지휘함 123정이 오전 9시 44분 TRS로 현장 첫 보고를 했다. 모든 구조 세력과 지휘부들이 이 TRS 보고를 수신하면서 승객들이 선내에 있다는 사실을 인지하는 순간이다. 또 보고 내용을 보면, 남에게 들은 말을 인용할 때처럼 '~답니다'라는 표현을 쓰고 있다.

<항소심 판결문 중에서>

피고인은 2014. 4. 16. 09:16경 현장지휘관으로 지정되었을 뿐만 아니라 같은 날 09:18경 서해지방해양경찰청 상황실로부터 'TRS'를 통해 세월호의 승선원이 450명에 이른다는 정보를 제공받았으므로 세월호 사고 현장으로 이동하면서 VHF, 휴대전화 등 교신 수단을 통해 세월호의 선장 또는 선원과 교신하여 다치거나 사망한 승객이 있는지, 가장 구조가 시급한 승객이 누구이고 어디에 있는지, 나머지 승객들은 몇 명이고 현재 어떤 상황에 있는지, 승객들이 구명조끼를 제대로 착용하고 있는지, 퇴선 지시가 내려져 승객들이 갑판 등 비상 대피 장소에 나와 있거나 바다에 떠 있는 상태인지, 어디로 접근하여야 가장 신속하게 많은 승객을 구조할 수 있는지 등 세월호의 상황을 신속히 확인하고 필요한 정보를 전달받아야 했다.

<항소심 판결문 중에서>

피고인이 123정 방송 장비를 이용하여 승객에 대한 퇴선을 유도하거나 승조원으로 하여금 갑판에 올라가 승객들에 대한 퇴선을 유도하게 하는 것은 반드시 훈련을 통해서만 습득할 수 있는 것이 아니고 당시 상황에서 해경으로서 이행하여야 하는 기본적인 조치였다.

2014. 4. 16. 09:30경부터 09:44경을 지나 구조작업을 계속 진행하는 과정에서 123정 방송장비나 세월호 갑판에 승선한 123정 승조원을 통해 승객 퇴선 유도를 하지 아니한 것 역시 업무상과실에 해당한다.

해경 123정장의 항소심 판결

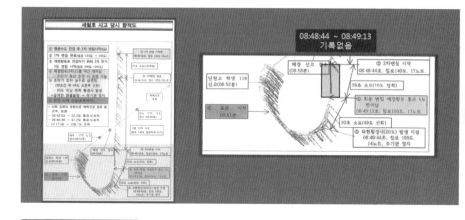

해양수산부가 발표한 세월호 사고 당시의 항적도

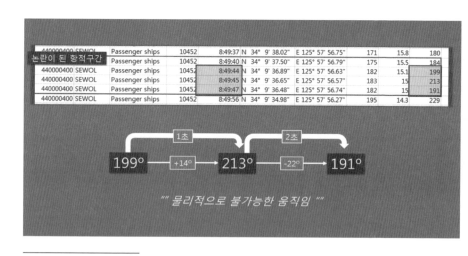

08:49:44~08:49:47, 논란이 된 항적 구간(2014년 4월 해양수산부가 발표한 세월호 AIS 항적)

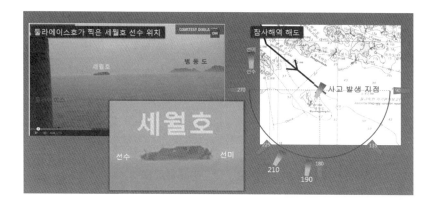

09:10~09:20 둘라에이스호가 찍은 세월호의 모습

세월호의 조타기

123정이 오전 9시 45분 세월호 선수에 접안해 세월호 이준석 선장을 먼저 구하고 있는 모습.

〈2014년 5월 14일 이준석 선장에 대한 검찰조서 내용(선박교통사고 도주 등 피의사건)〉

검사: 피의자는 경비정이 도착할 무렵 승객들에게 퇴선하라고 지시를 한 사실이 있나요.

이준석: 없습니다.

검사: 일부 선원들은 피의자가 경비정이 도착할 무렵 승객들에게 퇴선하라는 방송을 하라고 지시하였다고 하는데, 어떤가요.

이준석: 없었습니다.

검사: 그럼, 경비정이 도착할 무렵 승객들에 대한 퇴선 명령이 없었음에도 일부 선원들이 승객들에 대한 퇴선 명령이 있었다는 진술은 사실과 다른 진술을 하는 것인가요.

이준석: 네. 제 기억으로는 그렇습니다.

9:25 ~26	진도연안 VTS	세월호 진도연안VTS입니다 저희가 그쪽 상황을 모르기 때문에 선장님께서 최종적으로 판단을 하셔서 승객 탈출 시킬지 빨리 결정을 해 주십시오	67
	세월호	그게 아니고 지금 탈출하면은 바로 구조를 할 수 있냐고 물었습니다	
	진도연안 VTS	경비정이 10분 이내 도착을 할겁니다 사고지로 접근하고 있는 상황입니다	
	세월호	10분 후에 경비정이 도착한다고요	
	진도연안 VTS	네 10분 정도 소요됩니다 10분	

진도VTS와 세월호 간 교신 녹취. 이 교신 이전에 진도VTS가 서해청에 세월호 퇴선 여부를 물었으나, 서해청 지휘부는 세월호 선장에게 퇴선 여부를 판단하게 하라고 지시했다. 직접 현장을 지휘하지 않고, 책임을 떠넘기는 모습이었다.

"현재 위치에서 안전하게 기다리시고, 더 이상 밖으로 나오지 마시기 바랍니다." "현재 위치에서 안전하게 기다리시고, 더 이상 밖으로 나오지 마시기 바랍니다."

오전 9시 45분 세월호 선내 방송

"DVR 장치를 참사 후 하루나 이틀 안에 건져 올렸다면 곧바로 데이터를 복구하여 당시 상황을 확인하고 참사원인 규명에 활용할 수 있었을 것입니다. 과거 선박사고나 헬기 사고 때에도 처음 찾았던 것이 블랙박스와 함께 CCTV DVR이었습니다. 이러한 장치를 우선적으로 확보하는 것은 사고 원인을 밝히는 수사에서 당연한 절차입니다. 세월호의 경우에는 왜 두 달이 넘게 지나서 사실상 블랙박스에 해당하는 DVR을 확보하려 했는지 의문이고, 또 아쉬운 부분입니다."

세월호 DVR 의혹. 세월호 참사 진상 규명과 관련해 당일 선내 상황을 확인할 수 있는 자료는 CCTV 영상 자료와 영상 기록 장치인 DVR이다. 그뿐 아니라 이 DVR을 어떻게 수거하고, 관리하고, 복원했는지는 중요한 수사 사항이다. 세월호에는 선박의 블랙박스에 해당하는 선박운행기록장치(VDR)가 없었던 만큼 이 DVR이 더욱더 중요하다. 그런데 해경과 해군은 참사 이후 2개월이 지난 6월 22일이 되어서야 DVR을 회수하는 작업에 들어갔고, 그 회수 작업을 유가족들에게 알리지 않은 채 진행했다. 그 후 CCTV 동영상 파일이 일부 삭제되거나 편집되었을 가능성이 제기되었고, 해경이 이를 숨기려 했다는 정황도 확인되었다.

> **"애들이 그것 때문에 살 수 있을 줄 알았어요"**
>
> 학생A: "있는 줄 알았어요."
> 학생B: "기적이 일어날 줄 알았어요."
> 학생C: "애들이 그것 때문에 살 수 있을 줄 알았어요."
>
>
>
> - 2016년 7월 26일 생존학생과의 간담회

에어포켓과 공기 주입. 해경의 TRS 녹취를 확인한 결과, 세월호 선내에 에어포켓이 존재한다는 것과 생존자를 위해 공기를 주입하는 데 성공했다는 사실은 거짓에 가까운 내용으로 드러났다. 일종의 보여주기식, 시늉하기식 조치였다. 참사 직후였던 그런 시간에 정작 필요한 조치는 일찍 현장에 도착했던 크레인선을 이용해 세월호를 잡아서 더 이상 가라앉지 않도록 고정하는 것이었고(당시 3600톤급 크레인이 2대나 있었다), 유속측정기를 빨리 설치해서 잠수 활동과 수색을 지원하는 일이었다. 해경은 4월 23일이 되어서야 유속측정기를 설치했다.

단식 농성 기자회견을 하는 이석태 세월호특조위 위원장. 2016년 7월 27일 세월
호특조위의 조사 활동을 보장하고 특별법을 개정할 것을 요구했다.

세월호특조위 조사관 모임의 기자회견. 2016년 11월 4일 광화문광장에서 대통령
조사와 진상 규명을 요구했다.

목포신항에 거치되어 있는 세월호. 참사가 발생한 지 1080일 만인
2017년 3월 31일에 뭍으로 나왔다. 사진 해양수산부

세월호 선체에서 흘러나온 바닷물과 유류혼합물, 뻘을 제거하고 있다. 사진 해양수산부

세월호 선체 내부를 수색하던 도중 발견된 유류
품. 단원고 학생의 교복 상의와 조끼. 사진 목포시

진상규명, 결코 쉽흐지
않겠습니다!

이 명박

잊지 않겠습니다
끝까지 함께 행동하겠습니다

힘내세요   양산 신하윤
1월 1일

한 시민이 세월호특조위에 전해준 작품

배 밖에서
국가는
무엇을 했는가

一　세월호 참사에서
　　국가의 책무

　　　　세월호 참사는 기본적으로 국가가 승객들의 생명을 구하지 못했기 때문에 일어난 사건이다. 세월호 승객들은 사고 직후부터 119(전남도청 전남소방본부 119종합상황실)와 112(전남지방경찰청 112종합상황실)에 배의 상태와 자신들의 상황을 신속하고 정확히 전달했고, 선내에서 질서를 유지하면서 구조를 기다렸다. 국가를 끝까지 신뢰했다. 승객들이 122로 신고한 전화가 4건인데 비해, 119로 걸려온 신고 전화는 총 23건이었다. 23건 중 통화 중에 걸려왔거나 바로 끊겨 통화 녹취가 되지 않은 10건을 제외하면 13건에 승객들의 다급한 목소리가 담겼다. 당시 절박한 상황을 그대로 전달받은 쪽은 119였다.

　　다음 음성은 최덕하 학생의 최초 신고 전화(오전 8시 52분) 직후,

119종합상황실에 신고된 두 번째 신고 전화(8시 55분)이다.

접수자: 예. 119입니다.

신고자: 살려주세요. 배가 기울었어요.

접수자: 배가 어떻게 되었다고요?

신고자: 배가 기울었어요.

접수자: 배가 기울었어요?

신고자: 예.

접수자: 지금 배 타고 있어요?

신고자: 예. 제주도 가고 있어요.

접수자: 아, 제주도 가고 있어요?

신고자: 수학여행 가고 있어요. 배가 점점 기울어요.

접수자: 수학여행 가고 있는데 배가….

신고자: 배가 기울었어요. 세월호.

접수자: 예. 여기에서 해경에 연결했으니까 해경에서 도움을
줄 거예요.

신고자: 예. 세월호요.

접수자: 사람이 혹시 빠져 있거나 그런 사람 있어요?

신고자: 예. 한 명 아까 빠진 것 같아요. 사람이.

접수자: 한 명이 빠진 것 같아요?

신고자: 예. 살려주세요. 점점 더 기울어요.

접수자: 예. 지금 해경에서 갈 거예요.

신고자: 예. 빨리 와주세요. 살려주세요.

접수자: 예. 알겠습니다.

세월호 승객들을 죽음으로 내몬 것은 국가였고, 그 핵심에는 청와대를 비롯한 재난 대응 기관들의 무능과 무책임이 있었다. 국가기관의 무능과 무책임이 다른 모든 구조 메커니즘을 한꺼번에 무너뜨렸다. 우리는 왜 세월호 참사의 진상을 규명하는 일의 일환으로 당시 정부의 대응이 적정했는지를 조사할 수밖에 없었는가. 국가는 국민의 생명을 보호해야 할 '책무'가 있기 때문이다.

더구나 정부는 2014년 4월 16일 세월호 참사 이후에도 재난 안전 시스템의 붕괴에 따른 피해의 책임을 지지 않았다. 오히려 4·16세월호참사 특별조사위원회(세월호특조위)를 강제 종료하는 등 진상 규명을 조직적으로 방해했다. 그런 까닭에 지금까지도 각종 의혹이 확산되고 국민들 사이에 불신이 커지고 있다. 이러한 상황에서 우리는 '참사 당시 청와대 이하 정부가 재난 대응 컨트롤 타워로서 어떻게 작동했는지 그리고 대응이 적정했는지'를 조사했고, 또 앞으로 어떤 조사가 추가로 필요한지를 제시하려 했다.

그러기 위해서는 참사 당시 초동 대응과 정부의 재난 대응 체계

등을 심층 점검함으로써 참사 전후, 재난 대응 기관들의 역할과 책임을 재구성하고 재해석해야 했다. 구체적으로는 참사 당일 어떤 보고가 이루어졌는지, 핵심 정보를 인지했는지, 지시와 조치 사항은 무엇이었는지 등을 타임라인으로 정리했다. 그런 다음, 그것들과 나란히, 당시 승객들을 살리기 위해 마땅히 어떤 조치를 취했어야 했는지를 기존 연구와 기록을 중심으로 정리해 밝혔다.

　참사의 진상과 책임자 규명을 위해 세워진 국가 기구 세월호특조위는 법에 의해 보장된 임기와 기한조차 채우지 못하고 강제적으로 종료당했다. 정부가 세월호진상규명법이 2015년 1월 1일부터 시행되었다는 이유로 2016년 6월 30일이 되자 특조위를 폐쇄하는 단계에 돌입한 것이다. 실제로 예산과 인력을 갖춰 특조위가 활동을 시작한 때가 2015년 8월이니까 법이 보장하는 1년 6개월의 활동 기간은 그때부터 기산하는 것이 마땅했는데 말이다. 당장 7월 1일부터 예산이 끊겼고, 9월 말이 되자 전산 시스템 접속이 불가능해지면서 아무것도 할 수 없는 상황이 되었다. 결국 업무용 컴퓨터와 사무 집기들이 전부 철거되었고, 조사관들은 사무실을 나올 수밖에 없었다.
　이는 국가기관으로서 조사 기구는 정치권력으로부터 독립적이어야 하며, 지금의 관료 체계에서는 조사권과 기소권 없이 의미 있는 성과를 내기 어렵다는 것을 반증한다. '1기 세월호특조위'의 한계였다. 물론 본질적으로 국민의 생명권을 일상적으로 지켜내는 일 자체가 하루아침에 이루어지는 것이 아니다. 국가권력과 시민사회의 역학 구조, 즉 우리나라의 민주주의와 공공성의 척도에 달려 있다. 그런 의미에서 650만 시민들의 청원에 의해 설립된 세월호특조위는 중단된 조사, 국가권력에 유린된 시민들의 권리를 회복하기 위해 '2기 세월호특조위'로 다시 출발해야 한다.

<u>01</u>　‘내 관할,
　　내 소관이 아니다’　　　／

———

대한민국이 그동안 겪어온 수많은 재난의 배경에는 여전히 전前근대성의 문제가 자리하고 있다. 행정부의 무능과 부패, 부당한 권력 행사, 비용의 논리 등이 용해되어 참사가 일어났고, 그 정점에 세월호의 비극이 놓여 있다.

참사 당시 정부의 재난 대응 핵심 기관은 청와대와 안전행정부, 해양수산부, 해경, 해군 등이었다. 이들은 국가위기관리 기본지침, 정부조직법, 재난안전법(재난및안전관리기본법), 수난구호법 등에 근거해 산하에 국가안보실과 위기관리센터, 중대본(중앙재난안전대책본부), 중수본(중앙사고수습본부), 중구본(중앙구조본부), 탐색구조본부를 두었다.

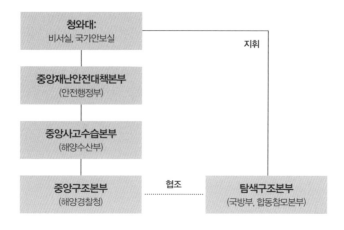

집행 없는 행정

세월호 사건 현장에서 재현된 것은 '집행 없는 행정'이었다. 세월호가 진도 앞 바다로 빨려 들어가던 시각에, 행정부의 고위직과 하급 관료들은 보고서와 공문을 작성하고 대책회의를 열고 의전을 준비하느라 무척 분주했다. 그들은 해경과의 전화 통화를 통해 현장 상황의 위중함을 충분히 인지하고 있었음에도 정작 승객 구조를 위한 핵심 정보를 파악하는 일은 뒷전이었다. 침수 중인 세월호의 기울기, 배가 기우는 속도, 선내에 대다수의 승객이 잔류한다는 사실, 전원 구조 오보 사실 등을 누락하거나 늑장 보고했다. 승객들이 국가를 믿고 기울어가는 배 안에서 선내 상황을 신속하고 정확히 송신했지만, 그 시간에 관료들은 조치 사항 같은 보고서를 반복적으로 양산하고 있었다.

　재난에서 통계적 수치와 피해 규모는 재난에 대응하는 과정의 결과물로서 나타나는 것이지 그 반대가 아니다. 홍수와 산불 같은 자연 재해의 경우 피해 상황을 우선적으로 집계하는 것은 의미가 있지만, 인적 재난에서는 그보다 현장의 요구에 신속히 반응한 것이 급선무이다. 대책이 현장에서 즉각 집행되어 재난 피해를 최소화해야 하기 때문이다. 위급한 인적 재난 상황에서 선결적인 피해 상황 집계란 무의미하다. 하지만 세월호 참사 당일에는 수치와 규모 자체를 관리하기 위해 재난에 대응하는 것처럼 보였다. 그날 재난에 대응하는 기관들의 모습은 피해 수치와 규모 자체를 관리하기 위해 정부의 역량을 총동원하는 것처럼 보였다.

　특히 대형 재난에 대한 대응을 총괄·조정하면서 필요한 조치를 해야 할 중대본이 다른 재난 대응 기관들과 마찬가지로 피해의 수치와 규모를 우선 관리했다. 마치 그들은 그것을 언론에 홍보하기 위해 모든 역량을 다하는 것 같았다. 그런 실적 경쟁에 빠져들면서 정보의 오류도 확인하지 않은 채 현장에서 올라오는 해경의 상황보고서를 그대로 취합해 언론에 브리핑하는 일까지 벌어졌다.

　세월호 참사 당일 배가 완전 전복된 오전 10시 31분까지, 재난 대응 정부기관들이 어떻게 피해 상황을 우선 집계하고 보고하면서 대책 수립은 뒷전이었는지는 다음을 보면 알 수 있다.

〈피해 상황 집계를 우선시하는 태도〉

국가안보실

해경 본청과의 통화를 보면, 09:20 첫 통화에서 "침수 중인데 구조 세력이 조치 중인가, 주위에 카메라가 있는가"라고 물어 보고 있다. 09:22 통화에서는 배 이름과 탑승객 수, 입수된 시간, 톤 수, 해상 날씨에 대해 질문했다. 09:31 이에 대해 해경은 '세월호, 480명 탑승, 기상 양호, 6852톤'이라고 보고했다.

안전행정부

09:31 국가안보실에 사고와 관련해 문자메시지를 발송했다. 10:30 상황1보에는 '구조 상황, 구조 인원 110명, 조치 사항'이 담겼다.

해양수산부

10:06 상황1보에서 '침수 중, 현지 기상 양호, 여객선 세월호 447명, 인명 피해 없음'이라고 보고했다. 인명 구조를 위해 어떤 조치를 했는지에 대해선 '해경 함정 4척, 해군 함정 7척, 헬기 3기가 출동했고, 둘라에이스호(2720톤)에 구조 협조를 요청함'이라고 했다.

국방부

09:31 상황1보를 내면서, 합참이 청와대 국가안보실에 유선보

고를 했다.

주된 관심사는 '상부 보고'

세월호 참사에서 컨트롤 타워의 주체들인 대통령과 장관, 해경 지휘부, 중간 관료, 하급 관료들이 어떻게 대응했는지를 살펴보면, 그날 그들의 주된 관심사는 '상부를 위해서만 관리되는 정보의 흐름'이었다. '재난에 맞서는 전문성과 의지'는 부족했으며, 구조 세력의 소극적인 대처는 기관들 사이에서 서로 방관되고 용인되었다. 국민이 국가에게 바라는 최소한의 기대치나 효율적인 집행을 위한 관료제는 없었다. 직업 공무원과 관료들의 직업윤리는 '내 관할, 내 소관'이라는 테두리 안에서 오히려 자동적으로 작동했다. 그들은 자신들이 만들어놓은 각종 운영 규칙을 지키는 것을 '동아줄'로 삼아 결과적으로 책임을 회피할 수 있었다.

이는 세월호 참사 당시 충격과 혼돈 속에서 갑자기 등장한 것이 아니라, 일상의 관성처럼, 그리고 그동안 수많은 대형 참사를 겪는 과정에서 줄곧 유지되어온 방식이었다. 아직도 각 국가기관이 그날 정해진 규칙대로 각자의 업무를 다했다고 강변하고 있는 것은 그 때문이다.

참사 당일 '내 관할, 내 소관이 아니다'는 이유로 자신은 몸을 빼면서 다른 곳에 일을 떠넘겼던 공직자들의 발언은 다음과 같다.

〈내 관할, 내 부처가 아닌데…〉

국가안보실과 대통령비서실

국가안보실장은 "통영함은 합참이 알아서 하는 것. 보고할 거리가 아니다"고 말했다.(2016년 12월 국회 청문회에서, 참사 당시 해군참모총장이 구난함인 통영함을 현장에 투입하라는 지시를 10:00와 11:00 2차례 내렸음에도 이행되지 않은 것이 대통령이 출동을 막았기 때문인가라는 질의에 대한 답변이었다.)

비서실장은 "구조는 현장 구조 세력이…"라고 발뺌을 했다 (2014년 7월 국회 국정조사).

안전행정부

안전행정부 장관은 09:47 "해양수산부 장관께서 탁 지휘하는 모습을 보여주는 모양이 더 좋을 것 같다"고 말했다.

안전행정부 2차관은 "중수본(해양수산부)에 더 큰 역할을 줘서 지휘 체계를 확립시켜주는 게 좋았다"라고 했다(세월호특조위 청문회).

해양수산부

해양수산부 장관은 "현장 구조에 대한 모든 상황 인식과 판단은 저희들은 해경에 맡겼고요"라고 했다(세월호특조위 청문회).

해경

해양경찰청장은 "제주청과 서해청은 별개의 지방청, 청과 청 사이사이의 교신 관계에 대해서는 파악하지 못했다"고 말했다 (세월호특조위 청문회).

해군

SSU(해군해난구조대)가 출동 명령을 받은 후 실제 출동할 때까지 1시간 16분이나 걸렸다. 이는 해군작전사령부의 '재난구조 전력운용예규'를 위반한 것이다(2014년 7월 국회 국정조사).

당시 해군 3함대사령부와 해군연락관의 교신 내용을 보면 "해경의 통제를 받을 상황이 안 될 것 같아"라고 나온다.

해군참모총장이 9:57~10:57에 승객이 선내에 잔류하고 탈출이 어렵다는 사실을 인지한 후 10:00와 11:00 2차례 통영함을 투입하라고 지시했으나, 이행되지 않았다(2016년 12월 국회 청문회).

지휘 공백 사태

국가안보실은 국가 안보를 위해 NSC(국가안전보장회의) 상임위원회와 실무회의를 주관한다. 또 재난 관련 부처들이 참여하는 국가위기평가회의를 주도하도록 되어 있다. 안전행정부는 재난이 발생하면 중대본을 구성·운영하는 주체이다. 해양수산부는 중수본을 운영하고 중구본을 지휘하게 되어 있다. 하지만 한편으로 그들은 그런 막대한 권한을 부여받았다는 이유로 조직의 몸집을 불리는 데 몰두했다. 이를테면 안전행정부는 권한의 규모에 비례해야 한다며 조직과 예산을 꾸준히 늘려왔고, 해양수산부는 그동안 안전 규제는 완화하면서 관리 감독 업무는 태만하거나 민간에 위탁해왔다. 해경은 해양수산부로부터 VTS(해상교통관제센터) 관할권을 일부[11] 가져왔고, 해상 사고에 대비하기보다는 경찰 업무에 주력했다.

예상하던 대로, 막상 재난이 발생했을 때 그들은 재난에 대응할 권한을 행사하지 않았다. 대통령을 비롯한 재난 대응 기관은 권한을 부여받고 지휘부로서 보고는 받았지만, 최선의 긴급 구조를 위해 그 권한과 행정력을 사용하지 않았다. 한마디로, 세월호 참사 당일 대통령과 국가안보실, 안전행정부, 해양수산부, 해경 등 지휘부는 거의 지휘하지 않았다. 실적 경쟁과 외부에 보이는 전시 행정에만 골몰했다. 절체절명의 순간 '보고'에 매달리면 구조 시간을 낭비하는 경우가 생기므로 보고는 오직 '지휘와 지침'을 위한 것으로 제한되어야 하는데, 상황은 그 반대였다. 지휘부는 지휘 권한을 갖고도 지휘하지 않았다. 그날 어디에도 지휘하는 행위자가 없었다. 그것은 승객들의 비극으로 직결되었다. 지휘 공백 사태는 다음과 같다.

---

11 진도와 여수에 설치된 VTS를 해양수산부로부터 2007년에 가져왔다.

〈지휘부가 지휘하지 않았다〉

국가안보실

국가안보실장은 "오후 2시 마지막 보고 이후에는 안보에만 전념"했다고 했다(2016년 12월 국회 청문회).

국가안보실 1차장은 2014년 7월 국회 국정조사에서 "(현장) 영상을 봐야 어떤 지침이라도 줄 것 아닌가" 하고 말했다. 하지만 참사 당일 청와대는 해경 지휘부에 줄기차게 현장 영상을 요구했으면서도, 막상 영상이 청와대에 송출되자 아무런 지침도 내리지 않았다.

위기관리센터는 09:20에 국가안보실장에게 유선 보고한 후 대책회의는 한 번도 열지 않았다.

10:00 서면 1보고에는 '사고 개요, 선박 제원, 구조 인원 현황과 조치' 내용만 실렸을 뿐 배와 승객의 상황, 구조 대책은 마련되어 있지 않았다.

안전행정부

안전행정부 장관은 09:45에 중대본을 가동할 것을 지시해놓고 10:00 경찰교육원 졸업식에 참석했다. 그러면서 10:31 세월호가 완전 전복된 뒤에야 수색과 구조에 필요한 자원을 동원하고, 상황을 파악했으며, 현장 지휘에 따라 협력하도록 지시했다. 그리고 사고가 접수된 지 10시간 만인 18:55에야 8개 부처와 4개 지방자치단체에 임무와 역할을 부여하는 공문을 발송했다.

해양수산부

11:00까지 해경 지휘부에 영상을 보내라는 요구를 7차례나 했음에도, 영상이 송출된 이후에 아무런 조치도 내리지 않았다. 해양수산부 장관은 "현장 구조에 대한 모든 상황 인식과 판단은 저희들은 해경에 맡겼고요"라고 말했다(세월호특조위 청문회).

해양경찰청

경비안전국장은 "현장에서의 구조 활동은 지역구조본부를 중심으로…. 본청이 직접 현장 통신망에 개입하는 경우는 없다"고 했다(세월호특조위 청문회).

해양경찰청장은 "본청 상황실의 기능 자체가 정보 수집과 판단"이라고 했다(세월호특조위 청문회).

대다수의 승객들이 선내에 있다는 사실

청와대와 정부는 언제 대다수의 승객들이 배 안에 남아 있다는 사실을 인지했는가. 특히 대통령과 청와대의 주장은 언론의 전원 구조 보도가 오보로 밝혀진 다음이라는 것이다. 그러나 국가안보실을 비롯한 각 기관들이 해경과 통화한 녹취록을 보면, 그들은 오전 10시

30분을 전후한 시점에 '선내에 승객들이 잔류한 채 침몰한 것'을 충분히 인지하고 있었다. 해양수산부의 상황 2보(오전 11시)를 보면, 배가 침수하면 승객이 생존 가능한 시간이 2시간인 것조차 알고 있었다. 그럼에도 그들은 승객을 구조하기 위한 대책을 세우지 않았고, 보고된 정보를 판단하는 데 인색했다.

또 청와대는 오전 11시 1분부터 나온 언론의 전원 구조 보도가 오보인 것을 해경 측을 통해 거의 즉각 확인을 마쳤다. 그럼에도 해경 본청이 오후 1시 12분, 서해청의 보고 내용을 확인·검토하지 않은 채 중대본에 팩스로 190명을 추가 구조했다고 전파할 때에도 언론에 보도 정정을 요구하지 않았다. 그러면서 대통령과 청와대는 언론 오보로 혼란이 생긴 까닭에 대응이 늦어졌다고 계속 핑계를 댔다. 우리는 정부가 구조 인원 수를 파악하는 실적 경쟁에 내몰리면서 관성에 빠져 오보를 수정하지 않았거나, 늑장 대응한 책임을 회피하려고 언론의 오보를 이용했다는 합리적 의심을 갖고 있다. 이 오보는 결국 확대되고 양산되어 구조 작업에 커다란 혼선을 초래했다.

〈승객들이 선내에 잔류한다는 사실을 인지한 후 조치 사항, 전원 구조 오보〉

국가안보실

10:19에 인지했다.

10:50 이후 수차례 재확인을 거쳤으면서도, 대통령에게 보고할 때는 '승객 현황과 구조 인원'만 보고하고 승객이 배 안에 잔류한다는 사실은 뺐다.

위기관리센터는 11:01부터 나온 언론의 전원 구조 보도가 미확인된 것임을 11:07에 인지했다.

안전행정부

안전행정부 장관은 10:57에 인지했다.

10:59 장관은 현장을 방문하기 위해 헬기를 대기하라고 요청했고, 11:55 헬기장에 도착했다.

10:59 선박 침몰 사고에 대응할 공무원을 중대본에 파견해달라고 각 기관에 요청했다.

상황실은 11:15에 언론의 전원 구조 보도가 오보라는 것을 인지했다.

해양수산부

인지한 시점이 파악되지 않았다.

11:50 상황 4보에는 '오전 11시 현재 인명 피해 없음'라고 나온다.

13:11 구조 인원 집계가 잘못되었음을 파악했다. "350명 언제 나와서."

국방부(공군작전사령부)

10:51에 인지했다.

해군 참모총장이 10:00와 11:00 2차례나 통영함을 현장에 투입하라고 지시했으나 이행되지 않았다(2016년 12월 국회 청문회의 내용).

11:06 해군 3함대사령부 상황실은 언론의 전원 구조 보도가 미확인된 것을 인지했다.

세월호특조위 제3차 청문회(2016년 9월 1일~9월 2일)에서 우리는 청와대가 대다수의 승객이 배 안에 잔류한다는 사실을 인지한 시점을 오전 10시 30분에서 11시 사이라고 규정한 바 있다. 초기 구조에는 해경의 책임이 더 컸지만, 사고 후 100분이 넘어가는 침몰 시점 이후에는 청와대의 위기 대응 시스템이 작동하지 않은 것이 더 큰 문제였다. 우리는 그렇게 진단했다.

그런데 이번 우리의 조사에 의하면, 청와대는 이미 세월호 초기 상황 보고 때부터 450명 이상의 승객이 탄 여객선이 침몰한다는 사실을 충분히 알고 있었다. 9시 42분에 좌현으로 40도 기울었던 배가 단 12분 만인 9시 54분에 60도까지 기울었다는 사실을 보고받았는데, 이러한 기울기와 속도는 곧 배가 침몰할 것이고, 배 안의 승객들이 움직일 수가 없으며, 인명 피해가 클 수밖에 없는 상황임을 가리키고 있었다. 따라서 그때 당시 국가안보실이 사고를 인지한 순간, 대통령을 위기관리센터에 임장시키고 재난 지휘를 했어야 했다. 그러나 국가안보실은 오전 10시에, 즉 9시 19분에 YTN 보도를 보고 사고를 인지한 후 41분 만에 대통령의 소재를 파악하지 못한 채로 첫 보고를 했다. 첫 보고에는 경각을 다투는 승객 구조에 대한 어떤 대책도 마련되어 있지 않았다. 결국 대통령이 10시 30분에 유선 지시—이에 대한 증거를 청와대는 제시하지 못했지만—를 내렸을 때는 이미 세월호의 침몰을 막을 수 있는 시점이 아니었다. 청와대의 위기 대응 시기는 앞당겨졌어야 했다.

<u>**02**</u> 책임 행위의
주체들

—

국정 역사교과서(고교 〈한국사〉 워크북) 원고본에 따르면
"대한민국 고도성장의 이면에는 정확성보다 신속성을 우선하는 풍
조가 존재했다. 이러한 풍조는 안타까운 대형 안전사고들의 한 원인
이 되었다"라는 표현이 나온다.[12] 이어 1993년 훼리호 침몰, 1994년
성수대교 붕괴, 1995년 삼풍백화점 붕괴, 세월호 참사를 나열한 뒤
"과거에 대한 냉철한 성찰을 통해 보다 안전한 대한민국을 만들려는
노력이 이어져야 할 것"이라고 기술하고 있다. 이러한 교과서 기술
은 재난의 책임을 '모두의 책임'으로 환원하거나 경제성장의 부산물
로 축소하려는 의도에서 나온 것이다.

---

12 경향신문 2016.12.13.

물론 역사교과서 국정화 정책은 박근혜 대통령 탄핵 심판의 국면에서 폐기되었지만, 이와 같이 서술하고자 한 정부 관료들의 뿌리 깊은 시각까지 폐기된 것은 아니다. 국가 기구로서 세월호특조위가 활동을 계속해서 재난의 성격과 원인에 대해 정치적·사회적 합의를 거치고, 유가족과 국민이 함께 권위를 인정한 '사고조사보고서'를 펴냈다면, 교육부가 한가하게 정부의 책임을 은폐하는 이러한 일은 일어나지 않았을 것이다.

　　박근혜 전 대통령은 2014년 4월 21일 청와대 수석비서관회의에서, 세월호 침몰 당시 승객을 버리고 도피한 선장과 선원들의 행위에 대해 '살인과도 같은 행태'라며 강하게 비난했다. 영국의 일간지 가디언은 같은 날, 박대통령이 '살인'이라는 어휘를 사용한 데에 놀라워하며 대통령이 뒤늦은 대처를 수사의 강도로 만회하고자 하는 것이 아니냐고 진단했다. 정부에게 향하던 국민들의 의구심을 선장과 선원들에게로 돌림으로써 너무도 발 빠르게 책임을 벗어던지려는 방식이었다. 재발을 방지하고 근본적인 시스템을 개선하기 위해서는 재난 과정을 분석하는 일을 서둘러야 함에도 국가의 '리더'로서는 어울리지 않은 행위를 이후 반복했다. 그가 2014년 5월 19일 눈물을 흘리며 담화문을 읽어 내려가다 해경 해체를 전격 선언한 것도 무책임한 정부로 향하던 국민들의 분노를 돌리려는 것이었다.

책임자와 책임질 조직, 가려낼 수 있다

해경과 해양수산부는 참사 직후 부적절한 현장 조치를 은폐하기 위해 언론에 거짓 정보를 내보냈으며, 과도한 실적 욕심에 언론의 전원 구조 오보를 방치하거나 이용했다는 혐의를 받고 있다. 그 때문에 초동 대응에 큰 혼선이 일어났고, 이러한 정부의 대처는 청와대에 이르기까지 재난 대응의 전 과정에서 보였다.

세계보건기구가 발간한 자료에 의하면 '책무성accountability'이란 '국가가 재난에 대응할 때 누가 의사 결정에 책임이 있고, 누가 그 결정을 실행했는지, 더 나아가 그 결정이 부적절하다고 생각할 때 시민은 거기에 어떻게 도전할 수 있는지를 시민에게 밝히는 것'을 의미한다. 재난 위기 상황에서 윤리 원칙이나 절차적 공정성이 완벽히 지켜지기는 어렵다. 세계보건기구의 권고안에 따르면, 그렇기 때문에 의사 결정 체계와 절차를 미리 만들어두라는 것이다. 쉽게 대응할 수 있는 위기라면 컨트롤 타워가 왜 필요하고, 예측 가능한 위험이면 왜 재난이라고 일컫겠는가. 그래서 항상 닥칠 수밖에 없는 상수로 전제해놓고 대비해야 한다. 이러한 태도를 견지하는 것이 바로 국가의 책무성이다.

참사의 순간에는 수많은 이들에게 책임이 있는 것처럼 보이나, 사실 책임자, 책임져야 할 조직이 명확히 존재하고 또 그들을 가려낼 수 있다. 세월호 참사 앞에 선 책임 행위의 주체들, 대통령에서 하급 관료에 이르기까지 참사 당일 그들의 모습은 한마디로 '자기 보신'이었다.

현재까지 드러난 기관들의 법적 책임

세월호특조위는 참사 당시 초기 구조 작업을 지휘한 해경 지휘부에 대해 특검 수사가 추가로 필요하다고 판단했다. 해경 각급 지휘부와 상황실 담당자, 구조 세력의 현장지휘관 사이에는 과실범 간 공동정범의 관계가 있을 수 있다. 일단, 김석균 해경청장과 김수현 서해지방해경청장, 김문홍 목포해경서장 같은 해경 지휘부와 김경일 목포해경 123정장 사이에 업무상 과실치사상 등의 죄에 대해 공동정범의 관계에 있다고 보고 처벌을 요구했다. 과실범 간 공동정범[13]은 판례상 이미 인정되고 있다.

대법원은 2015년 11월 27일 참사 당시 초기 현장지휘관으로 지정된 123정장에 대해 업무상 과실치사 혐의를 유죄로 인정해 원심의 징역 3년형을 확정했다. 또 대법원 전원합의체는 2015년 11월 12일 참사 당시 승객들을 구하지 않고 먼저 달아난 이준석 선장에 대해 부작위에 의한 살인죄를 인정해 무기징역을 확정했다. 재판부는 "침몰 직전까지 아무 조치도 취하지 않은 것은 승객들을 적극적으로 물에 빠뜨리는 것과 다름없다"고 설명했다.

법적 책임 외에 행정적 책임을 따지는 자리도 마련되어야 한다. 대통령의 지시가 있었다는 가정하에 말하면, 그럼에도 정부 관료들은 지시를 형식적으로 이행했을 뿐이다. 청와대를 위시해 안전행정

---

13 삼풍백화점 사건 당시 현장 세력 이외에 지휘부가 공동정범으로 처벌받았다.

부의 중대본과 해양수산부의 중수본 등 구조 본부들의 상황별 지휘가 부적절했다. 특히 국가안보실이 대다수의 승객이 선내에 남아 있다는 사실을 인지한 뒤에도 대통령에게 즉각 보고하지 않고 늑장 보고한 점은 간과할 수 없다. 그리고 승객 구조를 위한 적극적 대책을 마련하지 않고 소극적으로 대응한 점에 대해서도 책임 소재를 따져야 한다. 청와대와 중대본이라는 컨트롤 타워가 전반적으로 작동하지 않음으로써 구조가 지연되었고, 결국 구조 상황이 잘못 전파되는 등 국민적 불신을 초래했다.

검찰 수사와 감사원 조사

검찰은 세월호 참사에 대한 수사를 본격적으로 진행하지도 않고 끝맺었다. 광주지방검찰청은 2014년 5월 29일 수사 착수 보고서에서 세월호 구조 활동을 총괄한 해경 공무원들에게 여러 의혹이 존재한다고 밝히면서, 피의자로 사건 신고 접수와 상황 전파, 구조와 수색 업무를 맡은 공무원들을 광범위하게 지정했다. 그러면서 사고 직후 초동 조치나 인명 구조의 문제점, 해경 지휘부의 지휘 공백을 들여다보면서 그것이 직무유기에 해당되는지 조사하겠다는 계획을 밝혔다. 하지만 2014년 7월 말 이후 검찰은 123정장만을 피고인으로 하여 공소를 제기하는 데 그쳤다. 검찰 스스로 자신들이 거론한 의혹을 거두어버린 것이다.

검찰은 왜 해경의 각급 상황담당관과 지휘부를 수사와 기소 대상에서 제외해버렸는가. 뚜렷한 이유나 설명을 제시하지 않았다. 수사 착수 보고서에서 말한 대로 통신기기와 CCTV, 각종 영상, 녹취록, 관계자들의 진술 청취 등을 통해 해경 지휘부의 책임 소재를 밝혀내야 했음에도, 별다른 설명 없이 형사 책임에 대한 수사를 진행하지 않았다.

감사원은 2014년 4월 29일부터 5월 9일까지 7일간 예비조사를 했고, 5월 14일부터 6월 20일까지 30일간 실지감사를 벌였다.[14] 감사 범위는 "해양수산부와 사단법인 한국선급의 세월호 도입과 관련된 인허가 업무 및 선박복원성 검사 등 업무, 해양경찰청과 한국해운조합의 세월호 등 연안여객선에 대한 운항관리·감독 관련 업무, 세월호 사고 발생 당시 해양경찰청의 구조 활동 및 안전행정부의 사고 대응 활동 등에 대해 주로 감사를 실시했고, 그 밖에 전라남도나 경기도교육청 등의 사고 발생 후 대응 상황이었다."

하지만 전반적인 감사를 실시하지 않았다. 그런 의미에서 감사원의 세월호 사건 감사는 그 범위가 한정적이었을 뿐 아니라 '총체적 부실 감사'였다. 책임 소재를 규명하는 일은 애당초 가능하지 않았고, 실제로 그러한 작업이 이루어지지도 않았다. 처음부터 한계가 뚜렷했다.

감사원 스스로 2014년 10월 최종 감사 결과를 발표하는 자리에서

---

14 국정조사 감사원 답변(2014. 7 국정조사); 세월호 침몰사고 대응 및 연안여객선 안전관리·감독실태에 대한 감사결과보고서(2014. 10. 감사원).

이번 감사가 한정적인 것이었음을 시인하는 발언을 했다.

"시간과 인력의 제약으로 이번 감사에서는 세월호 사고와 직·간접적으로 관련된 범위에 한정하여 감사를 실시하였으며, 실지감사 종료시까지 실종자 수색·구조 활동이 계속되고 있어 수색·구조 활동에 대하여는 감사를 실시하기 어려웠음을 밝혀둔다."

감사원은 감사 결과에 따라 해상 관제와 상황 지휘, 현장 구조 등을 부실하게 수행한 해경 관련자 4명에 대해 해임을, 해양수산부와 해경 관련자 총 50명에 대해서는 징계를 요구했다.[15] 하지만 해양경찰 등 정부 관계 기관은 공무원 징계위원회, 소청심사위원회 결과만을 공개하고, 회의 과정을 알 수 있는 회의록 등 자료를 공개하지 않았다. 또한 해양수산부는 회의 결과 중 개인정보를 사유로 개인의 명의를 밝히지 않고 결과를 보내온 유일한 기관이다. 해경과 안전행정부 등 주요 관계자는 징계 요청이 오기 전에 사직서를 제출해 징계를 받지 않고 정상 퇴직했다.

그리고 주요 피감기관 중 국방부와 청와대는 감사에서 누락되었다. 2014년 10월 9일 감사원이 전해철 당시 새정치민주연합 의원에게 제출한 자료를 보면, 감사원은 "국방부에 대한 실지감사를 계획했으나 실시하지 않았다"고 밝히고 있다. 실지감사는 감사원 직원을 현지에 파견하는 것으로, 감사의 필수 과정이다. 통상적으로 실지감사

---

15 감사원 보도자료(2014. 10. 10. 국토해양감사국 1과 담당, 홍보담당관실 제공).

에 앞서 서류 위주의 예비감사를 벌이는데, 국방부 감사에서는 주로 해경 감사를 위해 필요한 자료만 요구했을 뿐 직접적으로 국방부와 관련한 자료는 요구하지도 않았다. 참사 당시 초동 조치의 핵심인 해군과 국방부의 지휘부가 왜 무기력했는지가 앞으로 밝혀져야 한다.

청와대에 대한 감사는 2014년 5월 말 감사원 공무원 2명을 청와대에 보내 행정관 4명을 하루 동안 방문 조사하는 데 그쳤다. 감사원은 참사 당시 박근혜 대통령에게 보고된 내부 자료는 열람조차 하지 못했다. 그리고 2014년 7월 세월호 중간 감사 결과를 발표하기 나흘 전에 감사 내용을 박대통령에게 사전 보고했다.[16] 처음부터 그런 식이었다. 결국 당시 상황에서 국방부가 청와대에 무엇을 보고했으며, 군 통수권자인 대통령이 어떤 대응을 했는지를 파악하지 못했다. 감사원의 특별 감사는 청와대에 면죄부만 준 꼴이 되었다. 청와대의 국가안보실과 대통령비서실이 어떻게 대응했으며 어떤 보고와 조치가 이루어졌는지 등을 밝혀서 책임자를 문책해야 한다.

대통령의 직무 책임

대통령은 국민의 안전을 보장하고 생명을 보호해야 할 의무를 진다. 이 의무는 단순히 헌법상의 추상적 의무가 아니라, 현행 법령과 정부 직제 등에 의해 구성되는 구체적인 법적 의무이다. 따라서 이

---

16 한겨레 2014년 10월 9일.

를 방기한 것은 대통령의 직무상 의무 위반이라고 봐야 한다. 이때 직무상 의무 위반은 형법 제122조의 직무유기죄보다 넓은 개념으로 봐야 한다.

형법의 경우 '직무유기죄'에서, 직무를 유기한 때는 공무원이 법령, 내규 등에 의한 추상적 성실의무를 태만히 하는 일체의 경우에 성립하는 것이 아니라, 직장 무단이탈, 직무에 대한 의식적인 포기 등과 같이 국가의 기능을 저해하고 국민에게 피해를 야기할 가능성이 있는 경우를 가리킨다. 공무원이 태만이나 분망 또는 착각 등으로 인해 직무를 성실히 수행하지 않거나, 형식적으로 또는 소홀히 직무를 수행함으로써 적절한 직무 수행이 이루어지지 못한 경우에도 직무유기죄는 성립하지 않는다.[17]

그와 달리 대통령 탄핵 사유로 거론되었던 국민의 생명을 보호해야 할 직무상의 의무 위반 행위는 '과소보호금지 원칙'에 따라 판단해야 한다는 것이 전문가[18]의 의견이다. 즉 국가가 국민의 기본권을 보호하기 위해 적어도 적절하고 효율적인 최소한의 보호 조치를 취했는가를 기준으로 심사해야 한다. 대통령이 국가가 국민의 법익을 보호하기 위해, 첫째 아무런 보호 조치를 취하지 않았거나, 둘째 취한 조치가 법익을 보호하기에 명백하게 부적합하거나 불충분할 경

---

17 대법원, 2014.4.10 선고(2013도229).

18 2017년 1월 5일 '4.16세월호참사국민조사위원회 창립 토론회'에서 한상희 건국대 법학전문대학원 교수 등.

우 직무상의 의무를 위반했다고 할 것이다.

참사 당일 증빙되는 박근혜 대통령의 지시는 '단 한 명도 인명 피해가 발생하지 않도록 하라' '여객선 내 객실, 엔진실 등을 포함해서 철저히 확인해서 누락되는 인원이 없도록 하라'는 것뿐이었다. 그리고 서면보고와 유선보고만 받았으며, 당일 오후 5시에 중대본을 방문한 것이 전부였다. 이러한 지시는 '법익을 보호하기에 명백하게 부적합하거나 불충분한' 혹은 '적절한 조치'에 해당된다고 볼 수 없는 아주 일반적이고 추상적인 언술에 불과하다. 소극적인 보고 접수 행위도 '조치'에 해당되지 않는다. 중대본을 방문한 것도 사후적인 행위에 불과하다. 중대본에서의 '지시' 자체도 대통령의 권한, 즉 직무 책임에 비추어 볼 때 의미가 없는 것이라 할 수 있다.

대통령은 당일 통치권자로서 450명 이상이 탄 배가 침몰 중임에도 불구하고 위기관리센터 상황실에 임장하지 않았다. 그뿐 아니라 단 한 차례도 대책회의를 주재하지 않았다. 결국 이러한 사실들은 대통령이 그 직무를 계속해 수행할 수 없을 정도로 직무상의 의무를 위반했고, 그로써 '대통령직을 유지하는 것이 더 이상 헌법 수호의 관점에서 용인될 수 없는 상태'를 야기했다고 봐야 한다.

청와대의 법적 책임

청와대 국가안보실과 대통령비서실의 부작위와 직무유기는 다음과 같다. 청와대는 해경 본청과의 핫라인을 통해 초기부터 현장 상황을 실시간으로 보고받으면서 사고의 심각성을 인지하고 있었다. 특히 비서실장과 국가안보실장은 당시 초기 상황을 파악하고 조치를 내리기 위해 필요한 정보와 권한을 갖고 있었음에도, 대형 재난이 충분히 예상되는 상황에서 대통령에게 대면보고를 하지 않았다. 적절한 위기 대응 조치를 취하지 않은 것이다. 그러한 위급 상황에서 대통령의 행적을 알지 못했고, 대통령에게서 아무런 적극적 조치도 이끌어내지 않았다.

구체적으로, 국가안보실은 대형 재난으로 번질 우려가 있는 초기 상황 때부터 해경 혼자 현장을 원활히 통제할 수 없다는 사실을 인지했음에도 미군의 지원 등을 포함한 군 투입을 협의할 NSC 상임위원회를 가동하도록 조치하지 않았다. 대통령비서실은 청와대 전체가 컨트롤 타워 역할을 수행할 수 있도록 해양수산부와 안전행정부의 대응에 개입해 상황을 지휘·감독했어야 했다.

국가안보실은 VIP 관심 사항임을 강조하며 구조 작업 중인 해경에게 끊임없이 현장 영상을 요구하고, 구조 인원과 동원 세력 현황을 사실상 실시간 보고할 것을 지시했다. 이는 원활한 현장 지휘를 방해하고 행정력을 낭비한 것이다. 또 오전 10시 30분에 선내에 승객이 잔류한다는 사실을 인지하고도 11시 27분이 되어서야 대통령에게 늑장 보고했다. 이러한 현장 상황을 당시 대통령비서실에 전파했는지는 불확실하다.

비서실장과 국가안보실장은 책임을 회피하려고 진술을 번복하고 청문회에서 위증을 했다. 대통령비서실은 언론 보도에 개입해 통제했을 뿐 아니라, 세월호 참사의 책임에 대한 여론이 청와대로 돌려지는 것을 차단하기 위해 진상 규명을 방해하고 은폐했다. 또 보수 세력을 동원해 세월호특조위의 독립적 활동을 가로막는 등 공작 정치를 주도했다. 이는 2014년 6월 14일부터 2015년 1월 9일까지 작성된 김영한 전 민정수석의 업무일지(비망록)를 살펴보면[19] 알 수 있다. 다음은 김 전 수석의 업무일지에 나오는 세월호 참사와 관련한 내용이다.

청와대와 대통령비서실이 세월호 진상 규명을 가로막고, 유가족들을 견제해 서로 분리시켰으며, 청와대 책임론을 차단하려고 온힘을 다한 기록이 나온다. 또 청와대의 잘못된 주장을 옹호하는 데 중립성을 유지해야 할 시민사회단체와 학자들을 동원한 정황도 드러났다. 그들은 세월호 특별법과 세월호특조위를 진상 규명의 선상에서 바라보거나 언급하지 않았다. 오직 방해와 은폐의 관점에서만 거론했다.

- 세월호: 통화 내역 제출 요구 유가족 과도한 요구
- 국가 원수의 경호 안전상 대통령의 동선을 공개할 수 없음-사

19 2016. 12. 27 '청와대 공작정치 사례를 통해 본 국정농단, 어떻게 대응할 것인가' 토론회 자료.

생활, 국가 안보 운운은 부적절

- 세월호에서 벗어나 원칙 제대로 경제 살리기 기대감
- 세월호인양-시신인양 ×, 정부 책임, 부담

실종자 수습도 마무리되지 않은 시점에서 청와대는 수시로 정부와 여당, 보수 세력에게 은폐와 책임 회피에 총력을 기울이라는 지침을 내렸다.

우선 세월호의 참사 원인에 대해 청와대는 '선장 선원의 배반적 유기 행위, 해경 초동 구조 작전의 실패, 유병언 일당 탐욕(배수선 과적)(7월 8일 長)'으로 규정하고, '청와대 보고, 그 과정의 혼선×, 정부가 변명×'라며 진상 규명도 되지 않은 참사의 결론을 일찌감치 내놓고 있다. 이는 고스란히 정부와 여당이 진상 규명을 막고 세월호 특조위의 조사를 방해하는 명분이 되었다. 세월호 특별법과 그 제정 과정에 대해 가이드라인을 제시하고 지침을 내리는 내용도 확인할 수 있었다.

- 여야 세월호 특별법 합의, 상설 특검 활용. 특검 추천위원회(7인), 건전한 특검 임명-준비토록. 평소에 변호사 리스트, 합동 추진, 위원회 투입(長 8월 8일)
- 세월호 특별법 조항별 검토 의견 제시(법무) → 독소 조항, 벌칙, 역대 위원회와의 비교, 문제점, 국회에 pass토록 할 것, 長 세월호특

별법 조문화. 과거 사례 검토, 올바른 입법 되도록 영장주의. 과도한 벌칙 유무 검토 여당 pass.(10월 1일)

2014년 7, 8월경 세월호 특별법상 수사권 부여 조항 등에 대해 많은 헌법학자들이 헌법에 배치되지 않는다는 입장을 보이는 상황이었음에도, 새누리당은 특별법이 헌법에 반한다는 주장을 하며 입법에 극렬히 반대했다. 김 전 수석의 업무일지를 확인해보면 이것이 청와대의 입장을 전달받아 충실히 행해진 정략적 반대였음을 알 수 있다.

8월 31일 업무일지에는 '長' 표시와 함께 '카톡 등 건전한 의견 유포 증가 추세: 좌파들 위기의식 → 활용토록'이라고 적혀 있다. 마찬가지로, 비슷한 시기에 심재철 당시 새누리당 의원의 '세월호 특별법 반대 카톡 유포' 논란 이후 카톡 등 SNS를 통해 특별법을 폄하하고 유가족들을 비난하는 내용이 유포되었다. 보수단체 어버이연합은 일간지에 특별법을 공격하는 내용의 광고를 게재하기도 했다. 이와 같이 청와대의 '지침'에 따라 보수 단체와 정부, 여당이 특별법 제정과 진상 규명을 방해하고 유언비어를 유포하지 않았는지에 대해 조사가 필요해 보인다.

또 김 전 수석의 업무일지를 보면, 참척의 고통을 겪은 유가족들, 마땅히 위로와 보호를 받아야 할 이들을 청와대는 어떻게 바라보고 있었으며 대처했는지 알 수 있다.

• 세월호 유가족(학생 유가족) 외 기타 유가족 요구는 온건 합리적, 이들 입장 반영되도록 하여 중화

청와대는 유가족을 대처해야 할 '대상'으로 규정했다. 김 전 수석의 업무일지에는 청와대가 끊임없이 유가족의 주장을 왜곡하고, 심지어 사찰까지 한 정황이 드러났다. 유민 아빠 김영호 씨가 46일 동안 목숨을 건 단식을 이어가던 8월 23일에는 '자살 방조죄, 국민적 비난이 가해지도록 언론 지도'라 적혀 있다. 교황이 방한했을 당시에는 '교황 방한에 언론 과잉 보도―교황 갈등 유발×, 우리 종교 지도자들은 편향성 노출' '염추기경 발언, 같은 자세를 타 종교 지도자들도 취하도록 노력' 같은 내용이 나온다. 세월호 참사와 관련해 언론 통제뿐 아니라 종교계와 학계에 대한 '지도'까지 광범위하게 이루어졌음을 확인할 수 있다.

유병언 수사와 관련된 내용 역시 정부의 책임을 회피하고, 이슈를 전환할 목적으로 다수 거론된 것으로 보인다. 6월 28일에는 이정현 전 홍보수석과 관련해 '고충 토로. 특히 유병언 선거 전 검거 앙망. 무능 정권 무능 검찰'이라 적혀 있다. 이후 청와대는 수시로 유병언 수사에 치밀히 관여한 것으로 보인다. 이는 세월호특조위 3차 청문회에서 문제 제기했던 언론에 대한 인천지방검찰청의 티타임(수시 브리핑)과 연계해서 살펴볼 수 있을 것이다. 7월 22일 업무일지에는

'대대적 수색에도 불구하고 발견 못 한 이유, 수사 방향 코멘트(검찰)—후속 조치, 아들 등 잔당 수사 관련자 책임 규명' 등의 내용이 나온다. 7월 23일 인천지방검찰청은 유병언 검거에 실패한 과정과 유대균 일가를 처리하는 방향에 대해 매우 상세히 브리핑했다. 관련 브리핑이 연속 이루어지면서 언론을 통해 유병언 보도가 홍수처럼 쏟아져 나왔다.

당시 세월호특조위는 검찰이 지나칠 정도로 구체적인 언론 브리핑을 통해 선정 보도를 유도함으로써 세월호 국면을 바로 유병언 수사로 이슈 전환했다는 의혹을 제기하기도 했다. 김 전 수석의 업무일지를 보면, 청와대가 법무부와 검찰에 수사 과정과 방향, 방법에 대해 구체적 지시를 내린 것은 아닌지 의심해볼 수 있다.

김영한 전 민정수석의 업무일지를 보면, 청와대가 세월호 특별법 등과 함께 면밀하게 검토한 또 한 가지가 바로 세월호특조위이다. 세월호특조위에 수사권과 기소권을 부여하는 것을 두고 '전례 없는 권한이 주어진 독소 조항'이라 규정했으며, 위원회 구성과 관련해 대법원, 법무부와의 협조를 강조하기도 했다. 세월호특조위 '부위원장 겸 사무총장'에 임명된 한 '정치 지망생'은 업무일지에 거론된 김재원 의원에게 세월호특조위 설립준비단 내부 문건을 전달했다. 김재원 의원은 이후 세월호특조위를 향해 '세금 도둑'이라고 비난했

다. 이러한 예산 논란은 2016년 9월 30일 세월호특조위가 강제 해산당할 때까지 위원회를 괴롭히는 보수 언론, 여당의 논리가 되었다.

이렇게 김 전 수석의 업무일지에는 꼼꼼한 기록 외에도 행간에 더 많은 이야기들이 담겨 있다. 그 사이 최순실 국정 농단 사태와 대통령 탄핵 국면을 거치며 청와대에 대한 의혹과 증언들이 속속들이 터져 나왔다. 하지만 세월호 그날의 진실은 아직 규명되지 못했다. 세월호특조위의 조사와 진상 규명이 계속되어야 하는 이유이다.

안전행정부와 해양수산부의 법적 책임

안전행정부의 부작위와 직무유기는 다음과 같다. 안전행정부는 재난 대응을 총괄·조정하는 본연의 임무, 즉 사고 상황과 구조 자원을 파악하고 행정적 지원을 하는 일에 충실하지 않았다. 사고를 오전 9시 22분에 확인했으면서 구조를 위해 각 부처에 중수본, 지역재난대책본부를 구성하도록 즉각 조치하지도 지휘하지도 않았다. 전문가로 구성된 중앙사고수습단을 만들어 구조 방법을 제시하는 일 또한 하지 않았다.

그 시간에 언론 브리핑에만 집중하면서(1시간 간격, 총 7회) 잘못된 내용을 전파하기도 했다. 사실관계를 확인하지 않은 채 구조자 수를 집계해 발표했다가 뒤늦게 정정했고(오후 2시 368명 구조→오후 4시 반 164명 구조), 이러한 일로 정부에 대한 불신을 초래했다.

그와 같은 오류는 언론의 전원 구조 오보를 중대본이 그대로 인용하면서 다시 반복되었다. '학생 전원 구조' '선체 진입 성공' 같은 검증되지 않은 언론 보도 내용을 중대본이 확인해주자, 그 후 공식 입장으로 확대 재생산되고 말았다. 그로써 국민들의 불신이 가중되었다. 사고 당일 단원고 강당에서 누군가 '학생들이 전원 구조되었다'고 말한 것을 한 언론사에서 오전 11시 1분에 보도했다. 그때는 '사실 확인 필요'라는 단서가 붙어 있었다. 하지만 또 다른 언론사가 해당 기사를 공유받아 보도할 때는 그 단서가 삭제되어 있는 상태였다. 그 후 경기도교육청이 이 단서 없는 보도를 보고 38개 언론사에 문자메시지를 발송했다. 중대본은 이러한 사태를 해명하지 않고 방치했다.

그리고 참사 이후 4월 18일 오전 11시경 한 언론사의 '선체 진입 성공' 보도에 대해 기자들이 문의하자, 중대본은 정확한 사실을 모르면서(해경과의 통화가 실패한 상태에서) 맞다고 답변해 또 한 번 오보를 확산시켰다. 그날 낮 12시 반에 해경이 보도 내용을 공식 부인했다.

안전행정부 장관은 중대본 본부장으로서 역할을 다하지 않았다. 오전 9시 45분에 중대본을 가동할 것을 지시해놓고 외부 행사에 참석하는(경찰교육원 졸업식, 오전 10시~10시 37분) 등 사고 상황을 파악하고 초동 조치를 취하는 일에 소홀했다. 한 가지 덧붙이자면, 2013년 안전행정부가 중대본의 법적 지위를 처음 부여받았을 당시 이에 합당한 사전 조치와 준비를 하지 않은 유정복 전 안전행정부 장관 역시 그 책임에 대한 추가적인 조사가 반드시 필요하다.

해양수산부는 위기 경보 발령 내용을 관계 기관에 늦게 알렸다. 오전 9시 40분에 국가 차원 대응 단계인 '심각' 단계의 위기 경보를 발령했을 때도 이 사실을 국가안보실에 11시 6분에야 통보했다. '해양 사고 위기관리 매뉴얼'에는 '심각' 단계의 위기 경보를 발령할 때는 국가안보실의 위기관리센터와 사전 협의하도록 되어 있다. 그리고 사고 상황을 왜곡해 전파하기도 했다. 오전 11시 31분까지 사상자를 확인 중이었는데도 '인명 피해 없음'이라고 낙관적으로 전파했다.

또 선체 조사 결과에 따라 노후화의 기기 결함이나 수밀도의 문제가 세월호 침몰의 원인이 된다면, 선령 완화 같은 규제 완화를 방치한 공무원에 대한 징계가 필요할 것이다. 물론 선체 인양이 지연된 의혹과 세월호특조위 활동을 방해한 것에 대해서도 추가 조사가 필요하다.

해경은 오전 8시 55분경 사고를 접수하고도 중대본과 국가안보실에는 9시 33분에 늑장 보고했다. 피해와 구조 상황도 6차례나 부정확하게 작성해 전파했다. 9시 44분과 10시 46분에, 사고 현장에 출동한 123정으로부터 '대다수의 승객들이 배 안에 있다'는 보고를 받았음에도, 상황보고서에는 승객 잔류 사실을 기재하지 않는 등(상황보고서 5보, 오후 2시 39분) 피해 상황을 누락했다. 심지어 구조 상황을 과장하기도 했다. 실제 잠수 요원 6명이 수색 중이었으나 '잠수 요원 160명 동원, 격실 등 수색 실시'라고 보고함으로써 오해하게 만들었다(상황보고서 6보, 오후 4시 33분).

<u>**03**</u>   핵심 정보와 보고가
      청와대에 집중되었다

———

　　세월호 참사 같은 대규모 인적 재난이 일어나면 보통 정부 부처 8~10곳이 관여하게 되며, 초기에 피해가 빠르게 확산되고 증폭된다. 이러한 국가 위기 상황에서 중대본, 즉 안전행정부를 중심으로 움직이는 체제는 각 부처에 적절한 방향과 빠른 지침을 주기 어렵고 그럴 수도 없다. 또 이번 경우처럼 해경이나 소방방재청의 물적·인적 역량을 훨씬 뛰어넘는 사고가 났음에도, 각 기관들이 자기 관할을 주장하며 해군 같은 관할 밖 세력의 지원을 거부하는 행태를 보이면, 커다란 희생으로 직결될 수 있다. 중대본 체제에서는 그것을 통제하기 어렵다.

　세월호 참사에서 관료들은 자연 재난에나 적용될 수 있는 기술적 관리·감독 시스템으로 움직였다. 즉 해당 부처에서 파견 나온 인력들이 중대본이라는 한 공간에 모여 구조자 수를 집계해서, 언론에 브리핑을 하는 식이었다. 그럴 때 보고서에 숫자를 채우는 데 급급해하는 그들의 행위를 멈출게 할 곳은 단 한 곳뿐이다. 당시 관할과 소속이라는 그들만의 영역 싸움을 중지시키고 국민의 생명을 보호할 권한이 주어진 곳은 대통령과 청와대밖에 없었다.

실제로 참사 당일 상황에 대한 핵심 정보와 보고는 대통령과 청와대에 집중되었다. 그런 권한은 국민들로부터 위임받은 것이므로 국민의 생명권을 보호하는 데 사용되었어야 했는데, 세월호가 침몰하는 순간까지 그들은 승객들의 생명을 구하는 데 그 어떤 조치도 취하지 않았다. 즉 통치권자로서 의무를 다하지 않았다. 이에 대한 법규정상 책임, 행정적·정치적 의무에 대해서는 법률가들의 판단이 따로 필요할 것이다. 다만 해경 123정장, 세월호 선장의 유죄 판결문에 나타난 정황과 근거들, 그리고 감사원 조사에서 나타난 직무유기 등 관련 공무원들의 징계 사유들은 대통령과 청와대 참모들에게까지 맥이 닿아 있다.

그들만의 '안전'

국가적 재난이 발생했을 때 위기 대응의 최고 위치, 최후의 보루는 청와대이다. 강력한 대통령제를 취하고 있는 우리나라의 경우 국군 통수권자이자 행정부 수반인 대통령이, 재난 전후 안전행정부나 해양수산부, 해양경찰청을 지휘하고 감독할 의무가 있고, 재난으로부터 국민을 보호할 책무[20]가 있다.

참여정부는 재해와 재난, 산불 등이 발생했을 때 국가가 위기관리를 해야 한다는 것을 주요 의제로 인지했다. 당시 NSC 사무처에서 '재난을 포함해 국가 위기관리 대응'을 한 것은 안전에 대한 국민들의 높은 요구를 수렴한 것이었다. 민관 유착에서 비롯한 부실 공사 등 후진국형 재난에 끊임없이 노출된 상태에서 당시 여론은 국가에게 재난 관리 기능을 확대하라고 요구했던 것이다.

그런데 이명박 정부는 공적 영역에서의 정부의 관리·감독을 '규제'라고 정의해 무차별적으로 완화했다. 그 바람에 막 정착하고 있던 국가 위기관리 기능은 '작은 정부 지향'이라는 미명하에 각 부처에 책임이 분산되면서 힘을 잃었다. 특히 해양수산부와 NSC 사무처가 폐지되면서 정부 해난 관리의 구심점이 약화되었다. 그러던 중 광우병 촛불 집회와 금강산 피격 사건을 거치며 비판 여론이 거세졌고, 안전에 대한 국민의 관심과 요구는 계속 커져갔다.

그 후 박근혜 정부는 '안전'을 상징으로 차용해 국정 과제로 선언했을 뿐 여전히 규제 완화를 강행했다. 전문가들의 우려에도 불구하고 안전행정부를 중심으로 재난 대응 조직을 꾸렸다. 청와대와 안전행정부는 조직 안에 재난 전문가를 두지 않고 위기 대응 매뉴얼도 정비하지 않았으며, 재난 대응 체계를 원칙 없이 바꿈으로써 부처들

---

20 헌법 제74조 1항, 제66조 4항, 정부조직법 제11조(대통령의 행정감독권), 헌법 제34조 6항.

사이에 잡음과 혼선을 가져왔다.

세월호 참사 당일 안전행정부를 비롯해 국무총리실, 국정원, 국방부, 경찰청 등에서 청와대로 정보와 보고를 올렸고, 국가안보실과 대통령비서실이 이를 취합했다. 상황 판단과 지휘를 위한 핵심적인 정보와 보고가 한곳에 모였다. 그럼에도 정작 그곳에서 적절한 지시와 조치가 나오지 않았다.

국가안보실[21]은 바로 그런 대통령의 국가 안보 직무를 보좌하는 곳이다. 그리고 국가위기관리지침(대통령 훈령 318호) 규정에 의해, 재난과 안보 분야의 부처들이 참여하는 국가위기평가회의를 주재한다. 특히 산하의 국가위기관리센터는 정부 각 기관에서 올라오는 보고를 받으며, 국가 안보에 관한 대통령의 직무를 보좌하기 위해 사고나 구조 상황을 파악해 지시를 내린다. 즉 초기 재난 대응의 핵심적인 부서라 할 수 있다.

대통령비서실[22]은 비서실장과 외교안보수석비서관이 NSC 상임위원회의 구성원으로 참여하고, 정무수석실을 통해 기관들의 보고를 받으며 상황 파악을 한다. 따라서 재난 컨트롤 타워로서의 대통령의 직무를 보좌할 임무를 갖는 이상 재난 대응에서 맡는 실질적 역할이 결코 가볍지 않다.

---

21 정부조직법 제15조 1항, 국가안보실직제, 국가위기관리지침 등.

22 정부조직법 제14조 1항, 대통령비서실직제, NSC 관련 규칙, 대통령비서실 업무분장.

특히 정무수석비서관은 청와대 내 업무 분장상 사회 안전 정책을 맡고, 국민과 소통해 의견을 수렴하며, 국회 여야 정당과 협력을 도모해야 한다. 그러니 세월호 참사와 관련해서도 구조를 돕고 피해자를 지원하는 등 정책적 보좌를 했어야 했다. 홍보수석비서관은 당시 세월호 참사와 관련해 국내외 브리핑, 외신 보도 분석, 청와대 출입 기자단에 대한 취재 지원을 담당했어야 했다. 무엇보다도 참사 당일 언론의 전원 구조 오보에 대한 대응을 책임졌어야 했다.

2014년 국정조사에서 김기춘 비서실장에게 참사 당시 국가안보실과 대통령비서실의 정무수석실 간에 대통령 보고를 일원화하지 않고 각자 한 이유를 물었을 때, 그는 '국가안보실에서는 초기의 재난 상황을 파악해서 청와대 내에 상황을 전파하거나 대통령께 보고하고, 비서실은 국가안보실에서 오는 보고와 각 부처에서 오는 보고를 받아서 대통령에게 보고했다'고 답변했다. 이에 따르더라도, 국가안보실은 대형 재난이 발생할 경우 신속한 초동 조치를 위해 판단과 대책을 내려야 하고, 대통령비서실은 부처들의 상황 보고를 받으면서 부처들을 관리하고 언론 대응, 대민 대응 등을 담당해야 한다.

참사 당일 청와대와 대통령의 타임라인

당시 한 인터뷰에 의하면,[23] 청와대 관계자들은 "오후 1시 30분 전

---

23 한겨레21, 2016년 11월 21일.

까지는 상황이 급박한 줄 아무도 몰랐다. 대부분 구조되었다는 보도와 보고가 있어 다들 점심을 먹으러 나갔다. 청와대 보고라고 별다른 것이 없다. 언론 보도를 기초로 보고하는 것이다"라고 했다. 청와대 보좌진조차 오후 1시 30분까지 상황의 긴박성과 중대성을 깨닫지 못했다는 주장인데, 이는 허위일 가능성이 매우 높다. 청와대가 2016년 11월 홈페이지에서 공개한 '참사 당일 보고와 지시 사항(세월호 당일 이것이 팩트입니다)'을 보더라도, 정무수석실의 서면보고는 언론에서 보도된 구조 인원 현황이 아니라 해경의 보고에 근거한 것이었다. 해경과의 통화 녹취록을 살펴보면, 당시 정부의 재난 대응 관계자들은 여러 기관들의 상황 보고 중 해경과의 통화를 통한 정보와 보고를 가장 신뢰했다. 그리고 정무수석실은 업무 분장상 당시 중대본인 안전행정부와 경찰청, 해경을 관장하고 있었다. 따라서 언론 보도를 기초로 대통령에게 보고했다는 청와대 관계자의 말은 허위라고 볼 수밖에 없다.

청와대와 대통령에게 보고된 내용

(콜론 다음 설명은 보고에서 누락된 내용 또는 조치했어야 하는 사항)

- **09:19**

청와대가 YTN 뉴스 속보를 보고서 사고를 인지했다. '조난과 탑승객 정보' 등 상황이 보도되었다.

• **09:20**

위기관리센터가 국가안보실에게 유선보고를 했다.

: 국가안보실장은 위기 대응 시스템을 즉시 가동하도록 지시
했어야 했다. 그리고 대통령과 비서실장 등에게 위기관리센터
에 임장할 것을 요청했어야 했다.

• **09:54**

청와대가 세월호가 60도까지 급격히 기울었다는 사실과 동원
현황을 보고받았다.

: 배가 침몰할 가능성이 있음을 충분히 판단할 수 있었다.[24] 당
시 구조에 참여했던 한 해경은 검찰 조사에서(2014.6.4.) "웬만
한 해경이라면 누구라도 50도 이상 기운 세월호를 보고 침몰
할 것을 예상했다"고 진술했다. 당시 국가안보실과 정무수석
실에는 해경에서 파견 나온 행정관이 근무하고 있었다. 그러
니 대통령 주재하에 배가 완전 전복하고 침몰할 것을 대비했
어야 했다. 군경에 인적 · 물적 자원을 총동원할 것을 하달하고

---

24 당시 구조에 참여했던 해경의 검찰 진술조사(2014.6.4): "웬만한 해경이라면 누구라
도 50도 이상 기운 세월호를 보고 침몰할 것을 예상했다." 당시 국가안보실과 정무수
석실에는 해경에서 파견 나온 행정관이 근무하고 있었다.

해저에 침몰할 때를 대비해 대책을 마련했어야 했다.

· 10:00

국가안보실이 대통령에게 서면으로 첫 보고를 했다. 내용은 사고 개요와 선박 제원, 구조 인원 현황, 조치 사항이었다.

: 국가안보실이 서면보고에 세월호가 급격히 기울고 있으며 이는 위험한 상황이라는 사실을 누락했다. 450명 넘는 승객이 탄 6000톤급 배를 구조하는 데 100톤급 배 1대와 헬기 3대가 출동했다는 핵심 정보 또한 누락했다. 이때 핵심 정보란 승객의 안전과 초동 대처를 위한 정보를 말한다.

· 10:30

청와대가 YTN에 보도된 세월호 완전 전복 사실을 해경 본청 상황실을 통해 확인했다.

: 초기 대응에 실패한 이유를 진단하고, 승객이 생존 가능한 시간 내에 선내에 진입해서 수색할 것을 지시했어야 했다.

· 10:40

국가안보실이 대통령에게 제2보고를 했다.

: 세월호가 완전 전복해 침몰했음에도, 왼쪽으로 60도 기울어진 상태라고 늦장, 허위 보고를 했다.

· **10:52~11:29**

청와대가 300여 명 승객들이 전복된 선내에서 빠져나오지 못했다는 사실을 수차례 확인했다.

· **11:00**

청와대는 이 시각을 전후해 해경 278함에서 송출한 ENG 영상을 수신하기 시작했다.(위기관리센터장은 국회 국정조사 답변에서 '오전 11시 10분 513함에서 최초 영상을 받았다'고 했지만, 해경 경비전화 녹취록을 보면 해경 함정의 출동 현황은 '11시 전, 278함'으로 나온다.)

: 청와대가 해경 지휘부에 VIP 관심 사항이라며 현장 영상을 10차례나 요구했음에도 중계된 이후 대통령은 상황실에 임장하지 않았다. 현장 영상이 중계되고 나서도 청와대에서 구조를 위한 어떤 조치나 지시가 나오지 않았다. 이때 영상을 통해 적어도 구조 인원 통계가 잘못되었음을 충분히 인지할 수 있는 상황이었다.

· **11:07**

청와대가 11:01부터 나온 언론의 전원 구조 보도를 해경 지휘부를 통해 즉시 확인했고, 오보라는 사실을 인지했다.

: 언론의 전원 구조 보도가 오보라는 것을 확인했으므로 국가

안보실은 대변인이나 홍보수석을 통해 언론에 정정 보도를 요청했어야 했다.

· **11:20**

국가안보실이 대통령에게 제3보고를 했다. 내용은 '안산 단원고 2학년 수학 여행객' 등 승객 현황이었다.

· **11:23**

국가안보실이 대통령에게 제4보고를 했다. 내용은 '세월호가 완전 전복했으며, 선내에 승객이 잔류한다는 것'이었다. 현재 이 보고에 대한 반증 자료가 없는 상태이다.

: 국가안보실은 10:30 이후 배가 침몰한 것과 선내에 승객이 잔존한다는 사실을 알고도 늑장 보고했다.

· **11:32~11:47**

청와대가 구조 인원을 계속 확인했다. 11:50~12:50에는 해경 구조팀이 선내에 진입했는지를 지속적으로 확인했다.

· **13:13**

국가안보실이 대통령에게 제5보고를 했다. 내용은 '추가 구조되어 총 370명이 구조되었다는 것'이다.

: 국가안보실은 13:04 확실치 않다는 해경 본청의 보고에도 불구하고 이를 정확히 확인하지도 않고 9분 만에 보고했다.

· 14:50

국가안보실이 대통령에게 제6보고를 했다. 승객 190명을 추가로 구조했다는 이전 내용은 해경이 중복 집계한 것으로, 잘못되었다고 보고했다.
: 국가안보실은 13:30에 추가 구조가 오류임을 알고도 대통령에게 정정 보고를 하는 데 1시간 20분이나 지체했다.

청와대가 배가 완전 전복된 이후에도 대통령이 17시 넘어 중대본을 방문하기 전까지, 해경이 선내 수색을 하지 못하고 있다는 사실을 계속 확인했다.
: 국가안보실은 14:57 대통령이 구조 인원 등 통계를 재확인하라고 지시한 이후로는 보고를 중단했다.

국가안보실이 서거차도 파출소장과 123정장, 수색구조과, 목포서장, 해경청장 등 현장 주요 관계자들의 휴대전화 번호를 직접 확보해 연락을 취한 정황이 있다.

· 16:10

대통령비서실이 김기춘 비서실장의 주재하에 수석비서관회의를 개최했다.

: 비서실장은 15:30에 구조 인원 오류를 인지했으며, 경제수석도 선내에 잔류한 승객의 생존 가능 시간이 2시간임을 인지한 상태였다.

· 17:11

정무수석실에서 대통령에게 잔류자 구조 방안을 보고했다.

: 해양수산부는 11:00 상황2보 이후부터 침수 이후 잔류한 승객의 생존 가능 시간이 2시간임을 전파했다. 늦은 대처였다.

참사 당일 상황 분석

국가안보실은 참사 당일 해경과의 핫라인을 통해 실시간으로 현장 상황을 정확히 파악하고 있었다. 인지했던 내용을 정리해보면 다음과 같다:

오전 10시 이전에 세월호가 60도[25]까지 급격히 기울었다는 사실을 보고받았다.

---

25 박은성 검찰 진술조서 1111쪽(2014.6.4): "웬만한 해경이라면 누구라도 50도 이상 기운 세월호를 보고 침몰할 것을 예상."

10시 30분 세월호가 완전 전복되었다는 YTN의 보도 내용을 해경 본청 상황실을 통해 확인했다.

10시 52분부터 11시 29분까지, 승객 300여 명이 여전히 전복된 배 안에서 빠져나오지 못하고 있다는 사실을 수차례 확인했다.

11시를 전후해 해경 278함에서 송출한 ENG 영상을 수신했다.

11시 32분부터 11시 47분까지 구조 인원을 계속 확인했고, 오전 11시 50분부터 낮 12시 50분까지는 해경 구조팀이 선내에 진입했는지를 지속적으로 확인했다.

그 뒤부터 대통령이 중대본을 방문하기 전까지, 해경이 선내 수색을 개시하지 못하고 있다는 사실을 수차례 확인했다.

또 해경과의 핫라인 녹취를 보면, 국가안보실이 해경 서거차도 파출소장과 123정장, 목포해양경찰서장, 해경청장 등 현장 주요 관계자들의 휴대전화 번호를 직접 확보해 연락을 취한 정황이 나온다.

청와대가 대통령에게 보고했다는 내용 중 확인된 것은 다음과 같다:

오전 10시 국가안보실이 대통령에게 첫 서면보고를 했다.

"인천에서 제주도로 가는 여객선 세월호가 진도 서남방 30킬로미터 지점에서 사고가 나서 지금 침수되고 있다. 거기에는 학생들이 타고 있고, 한 500여 명 가까운 승객이 타고 있다. 현재 구조 세력들이 이동하고 있고, 일부는 도착을 했고, 앞으로도 추가적으로 구조 세력들이 도착하고, 구조 활동이 지금 진행되고 있다. 56명이 구조되었다."[26]

11시 20분 국가안보실이 세 번째 서면보고를 했다.

"안산 단원고 2학년 수학 여행객 338명, 학생 324명, 교사 14명."[27]

11시 23분 국가안보실이 구조되지 못한 승객들이 선내에 남아 있다는 사실을 대통령에게 유선으로 보고했다.

"세월호 완전 전복 및 선내 승객 잔류."[28]

이와 관련해, 나중에 국가안보실 위기관리센터의 행정관 3명이 감사원 조사의 서면 답변에서 '오전에 대통령에게 선내에 승객들이 잔존할 가능성이 있다는 보고'를 했다고 진술했다. 또 김기춘 비서실장도 2014년 10월 국회 국정감사에 제출한 답변서에서 이 유선보고 내용을 확인해주었다.

김영석 해양수산비서관(2017년 5월 현재 해양수산부 장관)은 오후 4시 10분 비서실장 주재의 수석비서관회의에 참석하는 경제수석에게 '침몰 후 승객이 생존할 시간은 2시간'이라고 보고했다고 한다.[29] 수석비서관회의에서 그 사실을 실제로 논의했는지를 떠나, 당시 청와대 참모들은 승객들의 골든타임이 사실상 오후 1시까지이며 그

26 2014년 7월 10일 세월호 국정조사특위에서 김규현의 증언.

27 2014년 7월 10일 세월호 국정조사특위에서 김규현의 증언.

28 '박근혜는 315명 갇힌 사실 전화로 들었다'(한겨레21, 2016.12.5).

29 '2014년 7월 10일 국회 국정조사특위에서 김영석의 증언.

이후 생존 가능성이 희박하다는 것을 인지했을 가능성이 높다.

그리고 김장수 국가안보실장이 2016년 12월 국정조사특위 청문회에서 한 증언에 따르면, 참사 당일 대통령비서실과 국가안보실의 대통령 보고를 대통령 본인에게 직접 전한 것이 아니라 제삼자인 정호성과 안봉근에게 전달한 것이라고 확인했다. 결국 대통령이 당일 서면보고와 유선보고 모두를 받았다는 것은 사실이 아닐 가능성이 있다.

유선보고 왜곡

청와대는 훗날 참사 당일 대통령의 행적에 대한 자료를 제출할 때 유선전화의 발화자를 비서진에서 대통령으로 변경했다. 이는 대통령의 대응 활동을 과장하기 위해 의도한 왜곡일 가능성이 높다. 이를테면 2014년 제출 자료에는 당일 오전 10시 15분에 국가안보실에서 대통령에게 유선보고를 했다고 되어 있다. 이것은 국가안보실에서 대통령에게 전화로 보고를 했다는 말이다. 전화를 건 쪽이 국가안보실이라는 것이다. 그런데 2015년 자료에서부터는 이것이 대통령이 먼저 전화한 것으로 바뀌어 있다. 대통령이 전화를 걸어 지시를 내렸다는 것이다. 10시 22분도 마찬가지이다. 이는 참사 당일 대통령이 적절한 지시를 내렸는지에 대한 국민적 의혹이 커지면서, 청와대가 자료상에서 대통령의 대응 활동을 의도적으로 늘린 것으로 보인다.

박근혜 대통령에 대한 탄핵심판 사건에서 헌법재판소가 파면을 선고하던 2017년 3월 10일 당시, 김이수, 이진성 두 재판관이 낸 보충의견에도 비슷한 취지의 판단이 나온다. 위기 상황에서 대통령의 대처가 불성실했고, 성실한 직무 수행 의무를 위반했다는 것이다.

"피청구인(박대통령)은 10:15경 및 10:22경 국가안보실장에게, 10:30경 해경청장에게 전화하여 구조에 최선을 다하라는 취지의 지시를 하였다고 주장하나, 통화 기록을 제출하지 않았으므로 위와 같은 통화가 실제로 있었다고 보기 어렵다. 당시 해경청장은 09:53경 이미 특공대 투입을 지시하였다고 하는데, 피청구인이 실제로 해경청장과 통화를 하였다면 같은 내용을 다시 지시할 수 없을 것이므로, 해경청장에 대한 특공대 투입 등 지시를 인정할 수 없다."

10:15	2014 국정조사 조원진 제출 자료	2015 녹색당 정보공개청구 제출 자료	2016 청와대 홈페이지	발화자 서로 다름
	안보실 → 대통령 유선보고 및 대통령 지시 하달	대통령 → 안보실장 전화	대통령 → 안보실장 전화	
10:22	2014 국정조사 조원진 제출 자료	2015 녹색당 정보공개청구 제출 자료	2016 청와대 홈페이지	발화자 서로 다름
	안보실 → 대통령 유선보고	대통령 → 안보실장 전화	대통령 → 안보실장 전화	
12:50	2014 국정조사 조원진 제출 자료	2015 녹색당 정보공개청구 제출 자료	2016 청와대 홈페이지	발화자 서로 다름
	복지수석 → 대통령 유선보고, 기초연금 법 국회 협상 관련	대통령 → 복지수석 전화	복지수석 → 대통령 유선보고, 기초연금 법 국회 협상 관련	
14:51	2014 국정조사 조원진 제출 자료			발화자 서로 다름
	안보실, 대통령 유선보고 (*청와대 홈페이지에는 대통령이 유선 ④ 지시 '구조 진행 상황 점검 및 현장 상황 파악' 기재)			
	2015 녹색당 정보공개청구 제출 자료	2016 청와대 홈페이지		
	대통령 → 안보실장 전화	대통령 → 안보실장 전화		
14:57	2014 국정조사 조원 제출 자료			발화자 서로 다름
	안보실 → 대통령 유선보고, 대통령, 구조 인원 혼선에 대한 질책, 통계 재확인 ⑤ 지시 (*청문회에서 국가안보실장의 증언: 중대본을 직접 방문해 상황을 파악할 것 을 대통령에게 제안함)			
	2015 녹색당 정보공개청구 제출 자료	2016 청와대 홈페이지		
	대통령 → 안보실장 전화	대통령 → 안보실장 전화		

청와대가 국가안보실의 보고 1~3보까지 제출한 것 이외에는 자료 제출을 거부했기 때문에, 청와대의 보고나 지시를 명확히 확증할 근거는 없다(2014년 8월 시민사회 측에서 구체적인 통화 내용에 대한 정보공개를 청구했을 때, 청와대는 전화나 구두를 통한 대통령의 지시나 청와대의 보고는 그 내용이 기록으로 남아 있지 않다고 했다. 반면 서면보고는 기록이 있지만 그 내용을 공개하지 않겠다고 밝혔다). 국가안보실장과 비서실장은 참사 당일 대통령 행적을 알지 못했고, 대통령비서실과 국가안보실의 대통령 보고는 제삼자, 즉 정호성과 안봉근에게 전달된 것으로 확인된다. 한마디로, 현장 상황이 급박하게 전개되는 와중에 청와대의 대통령 직무 보좌는 전무했다.

박대통령은 오전 10시 15분 세월호가 완전 전복되기 전후로 해서 '단 한 명의 인명 피해도 발생하지 않도록 할 것'이라는 의례적 지시만 국가안보실을 통해 해경 지휘부에 내렸다. 게다가 10시 30분에 특공대를 투입하라고 지시했다는 것은 그 진위가 불확실하다. 이후 중대본을 방문한 대통령은 현장 상황과 전혀 맞지 않는 인식을 보여주는 지시를 내렸다.

또 국가안보실이 당시 해군참모총장이 오전 10시와 11시 2차례에 걸쳐 통영함 출동을 지시한 것, 11시경 해군작전사령부가 미 해군에 구조 요청한 사실, 11시 28분경 본험리처드호에서 헬기 2대를 급파한 사실을 인지했는지도 밝혀지지 않았다. 참사 당일 국가안보실은 현장 출동 세력으로부터 정보를 계속 취합하고 있었다. 2014

년 국정조사 당시 합참 관계자는 군 지원 현황에 대해 청와대 국가
안보실에 오전 9시 31분경 최초 보고한 이후 수시로 보고했다고 증
언한 바 있다.

대통령은 참사 당일 중대본을 방문한 이후에도 여전히 서면보고
를 3차례 받았을 뿐이다. 이후 참사 초기 5일 동안 자신의 주관하에
어떠한 종합적 대책 논의도 실시하지 않았다. 청와대는 오후 5시 30
분 이후 비상근무 체제에 들어갔고, 김기춘 비서실장 주재로 대책회
의를 진행했다고 밝혔다. 하지만 박대통령의 참사 현장 방문 같은
단순 사안조차 신속히 결정하지 못했고, 이튿날 오전 8시 13분 국가
안보실은 대통령이 참사 현장을 방문하기로 결정된 사항조차 인지
하지 못하고 있었다. 참사 당일 5시 30분 이후 비상근무 체제에 돌입
했다는 청와대의 주장이 무색했다.

권한과 지위를 남용한 경우도 있었다. 참사 당일 오후 6시부터 다
음날 4월 17일까지 국가안보실은 현장에서 잠수 수색을 실시하면
실시간 보고하라는 불필요한 요구를 해경에 강요함으로써 원활한
구조 지휘를 방해했다.[30] 대통령비서실에 파견 나와 근무 중인 한 해
경 출신 행정관은 4월 17일 이후 해경에게 해양과학기술원에서 개
발한 수중 로봇을 언론에 홍보하라고 하는 등 해경의 상황정보문자
시스템을 통해 총 131건의 지시를 직접 내렸다.

---

30 '2016년 청문회에서 김장수 국가안보실장은 오후 2시 마지막 보고 이후 안보에만 전
    념했다고 했지만, 6시 50분 상황반장은 국가안보실장이 기다린다며 승객 정원을 확
    인해달라고 전화로 해경에 요구했고, 4월 17일 오전 5시 16분 국가안보실장이 해경
    청장에게 직접 전화를 건 사실이 확인되는 등 허위 진술을 했다.

04 전형적인 관료주의에
빠진 사람들

—

안전행정부는 중대본이라는 재난 총괄 관리를 수행하기 위해 어떠한 사전적 조치도 취하지 않았다. 차라리 전형적인 관료주의에 빠져 지휘는커녕 재난 대응 시스템마저 붕괴시켰다.

청와대 없는 컨트롤 타워?

재난 전문가들은 재난에 대응하는 정부 조직을 일원화해서 거대하게 만들 것이 아니라 대응 단계에 맞게 조직을 체계화해야[31] 한다고 강조해왔다. 모든 위험을 하나(또는 소수)의 부처가 관리하는 식으로 예방부터 복구까지 일원화하면 재난을 통제할 수 없게 된다는

---

31 '세월호특조위 안전사회소위, '안전사회실현 과제보고서(초안)' 412쪽.

것이다.

　기본적으로 지금의 안전행정부와 중대본 체제는 1990년대의 '중앙재해대책본부'가 전신이다. 본부 산하에 재해에 대응하는 각 지방자치단체, 경찰, 소방서 등을 두고 계속 보고를 받는 방식이다. 그렇다 보니 수습과 지원에 시간이 걸릴 수밖에 없다. 이러한 체제는 예측을 불허하고 그 피해 양상이 초기부터 빠르게 대형화하는 현재의 재난을 관리하기에는 부적합하다. 전문성이 부족할 뿐 아니라 관료조직상 위상에도 문제가 따른다. 그간 소방방재청이 여러 재난에 대응하는 동안 비판을 듣기도 했지만 한편으로 경험과 전문성을 축적해왔는데, 박근혜 정부는 많은 우려[32]에도 불구하고, 소방방재청을 자연 재해만 담당하는 쪽으로 축소했다. 그리고 안전행정부에게 인적 재난 사고에 대한 지휘까지 맡게 했다. 인적 재난과 사회적 재난을 인위적으로 통합해 안전행정부에 일임해버린 것이다.

　재난 관리가 적시에 운용되려면 컨트롤 타워가 필요하다. 컨트롤 타워가 반드시 상설 조직일 필요는 없지만, 정부 각 부처를 지휘하고 조정할 권한에 상응하는 책임 단위여야 한다. 안전행정부는 재난안전법상 지휘권이 있지만, 현 체제에서는 실질적인 지휘권을 행사

---

32 '재난안전법 개정안이 국회에서 통과될 때 당시 국회 안전행정위원회의 한 수석전문위원은 "재난 및 안전관리 업무가 효율적으로 진행되려면 소방방재청과 안전행정부 간 업무와 기능이 재정립되어야 한다"며 재난 컨트롤 타워로서의 안전행정부의 역할 등에 대한 문제점을 지적했다. 이외에도 윤명오 서울시립대 교수의 반대 의견이 있었으나 그 어떤 시정 조치도 취해지지 않았다.

하기 어렵다.[33] 일반적으로 재난이 발생하면 현장 구조 세력이 1차 대응을 하지만, 그 범위를 넘어서는, 8~10개 부처가 함께 움직여야 하는 대형 재난에서는 상층 지휘부인 컨트롤 타워가 어떻게 대응하느냐가 결정적이다. 그때 관료 조직의 위계와 속성상 부처들끼리 관할과 영역을 서로 미룸으로써 재난 대응의 효율성이 떨어질 가능성이 높아진다. 이렇게 체제의 한계가 분명한데도, 대형 재난에 대응할 때 관련 부처들이 서로 자발적으로 협조하고 정보를 공유하리라는 것을 전제로 위기 대응 체계를 운용하는 것은 대단히 비현실적이다.

그런 의미에서 재난이 발생하면 육상의 소방방재청과 해상의 해양경찰청이 1차 대응 세력을 맡고, 그 위에서 군과 각 행정 부처를 움직일 수 있는 청와대와 대통령이 컨트롤 타워의 역할을 맡아야 한다.[34]

박근혜 정부는 2013년 3월 23일 정부조직법 개정을 단행해, 행정안전부를 안전행정부로 명칭을 바꾸고 직제를 확대·개편했다. 이 조치의 법적 뒷받침을 위해 2013년 8월 6일 재난안전법이 개정되어, 2014년 2월 7일 시행되었고 동법 시행령 또한 같은 날 개정되었

---

33 '재난안전법 제15조는 필요할 때 중앙사고수습본부 등의 장을 지휘할 수 있다고 규정하고 있다.

34 '세월호특조위 안전사회소위, '안전사회실현 과제보고서(초안)'.

다. 이로써 인적 재난과 관련한 안전 점검과 훈련, 중대본[35]의 구성·운영 등의 기능이 소방방재청에서 안전행정부로 이관되었다.

하지만 이는 행정 편의를 위한 개편이었다. 지난 10년간 소방방재청이 상황을 주도해 재난 안전 분야에서 전문성을 확보해왔으나(소방방재청 인력의 80퍼센트는 소방·재난 전문 인력), 정부 조직이 개편되고 재난안전법이 개정되면서 그동안 축적되어온 재난 관리 인력과 전문성이 재난 관리에서 배제되고 말았다. 이로써 정부의 재난 대응 기능이 약화될 수밖에 없었다. 이명박 정부가 재난 컨트롤 타워를 자임하던 'NSC 사무처 위기관리센터'를 해체한 것에 더해 이러한 조직 개편이 이어지면서, 인적 재난 대응 분야에서 전문성의 공백 사태가 벌어졌다. 그리고 그런 와중에 정부는 세월호 참사를 맞았다.

2013년 3월 행정안전부 장관으로 취임했다가 2014년 3월까지 초대 안전행정부 장관을 지낸 유정복은 사회 재난을 예방하고, 대비하고, 대응하고, 복구하는 일의 관리 책임자였다. 그러나 당시 그는 부처 명칭을 바꾸고 이를 홍보하는 데 예산[36]을 사용하면서, 안전 관련 분야에는 겨우 예산의 4퍼센트[37]만 편성했다. 그마저도 도로 환경

---

35 '재난안전법 제14조.

36 현판, 홈페이지, 안내판 등 실비 5600만 원과 전산프로그램, 명함교체, 이사 등의 비용까지 합치면 수억 원을 사용했다. 추정하면 2010년 노동부가 고용노동부로 변경할 때는 4억 8000만 원이 들었다(제326회 국정조사 회의록 부록).

37 2014년 예산 40조 3000억, 지방교부금 제외하고 4조 5000억 원에 안전 분야 예산은 1700억 원으로 가용예산의 4퍼센트.

개선 사업에 그중 46퍼센트를 투입했고, 의식 함양 예산에 10퍼센트를 사용했다. 전문 인력과 장비를 확보하는 데는 전혀 예산을 책정하지 않았다. 안전 관리 실무 책임자인 안전행정부 제2차관에 안전 업무 경력이 없는 관료 출신 비전문가를 임명했을 뿐 아니라, 그 아래의 실장을 안전관리본부장급으로 위상만 높여놨지 전체 인력의 41퍼센트는 재난 분야 무경험자를 배치했다. 안전관리본부 소속 공무원 134명 중 단 한 번이라도 재난 안전 분야에서 근무한 적이 있는 경력 직원은 79명(59퍼센트)뿐이었다.

안전행정부는 부처가 확대되었음에도[38] 법 개정 직후 '사회 재난 중대본 매뉴얼'을 작성하는 작업에 착수하지 않았다. 법이 시행되는 2014년 2월 7일은 물론 세월호 참사 당일까지도 해당 매뉴얼을 준비하지 않았다. 또 '해양 선박 사고 표준 매뉴얼'[39]은 작성조차 검토하지 않는 바람에, 해양수산부는 실무 매뉴얼만 작성해 2013년 7월 24일 배포해야 했다. 참사 당시 중대본의 대응이 문제를 드러낸 데에는 이렇게 참사 직전까지 안전행정부를 재난 총괄 관리 부서로서

---

38 이명박 정부 당시 컨트롤 타워였던 국가위기관리센터 기능을 행정자치부에 이관하고, 국가비상기획위원회 등을 물리적으로 하나로 묶어 행정안전부를 출범시켰다. 그렇게 외관상 안전을 강조한 듯 보였으나 이 체제로는 안전 관리 기능을 제대로 수행할 수 없었다. 이어 박근혜 정부도 소방방재청의 인적 재난 관리 분야와 중대본 구성 권한을 행정안전부로 넘겼고, 이후 안전행정부로 재편되었다. 이런 와중에 안전행정부는 참여정부 당시의 행정자치부보다 조직이 확대되고 예산도 증액되었다.

39 해양 선박 사고는 표준 매뉴얼에 준하는 주요 상황 매뉴얼이었으나 안전행정부는 해양 선박 사고에서 주요 상황 대응 매뉴얼에 대한 명확한 판단 지침이 없었다(세월호특조위 제1차 청문회).

충분히 준비시키지 못한 유정복 전 안전행정부 장관의 관리 책임도 작지 않다.

특히 재난안전법 개정에 이견을 제기했던 소방방재청[40]과 안전행정부 간의 갈등으로 '행정기관의 조직과 정원에 관한 통칙' 제3조 3항에 따른 조직과 정원 조정이 제대로 이루어지지 않았다. 중대본 운영 기능만 수행하기 위해 인력 2명만 자리를 옮겼을 뿐이다. 2014년 안전 점검 훈련에서 인적 재난 예방·대비는 소방방재청에서 주관하고 대응·복구는 안전행정부가 담당하는 식으로 이원화되었다. 법령의 취지는 광의의 재난 대응 전반이 안전행정부로 이관되는 것이었지만, 안전행정부의 재난 조직 내부에서는 협의의 중대본 운영 기획과 관련한 사항만 교체되었던 것이다.

결국 당시 2013~2014년의 재난안전법 개정과 정부 조직 개편은 결국 부처 간 혼선과 갈등만 유발한 개악이었다. 안전행정부는 중대본을 구성하면서 임무를 숙지하지 못한 상태였고, 일선 공무원 중에서는 재난안전법에 대한 이해가 없어 중대본 기능만 안전행정부로 이관된 것으로 파악했을 정도였다(감사원의 안전행정부 감사 결과).

---

40 소방방재청은 2013년 4월 19일 재난안전법 전부 개정에 대해, 10년간 재난 유형이 3개로 운영되었기 때문에 재난 유형 개편은 신중히 검토되어야 한다는 의견을 제출했다. 이후 4월 30일 수정 의견을 제출하면서 이를 철회했다.

중대본, 관료제에 막혔다

재난안전법상[41] 중대본은 대통령령으로 정하는 대규모 재난의 예방·대비·대응·복구에 관한 사항을 총괄·조정하고 필요한 조치를 하는 조직이다. 중대본의 본부장은 안전행정부 장관이 맡아 업무를 총괄한다. 대규모 재난이 발생하거나 발생할 우려가 있는 경우에는 실무반을 편성하고 중대본 상황실을 설치한 다음, 관계 행정기관의 임직원과 재난 관리에 관한 전문가 등을 소집해 중앙수습지원단 등을 설치해야 한다. 또 효율적 대응을 위해 전문 인력을 현지에 파견할 수 있다. 물론 중대본부장은 중앙수습본부장(해양수산부 장관)과 지역대책본부장(지방자치단체장)을 지휘할 수 있다.

이러한 대응 체계에서 보통 중대본이라면 재난 상황의 심각성을 파악하고 현장의 요구에 신속히 대응하는 것이 무엇보다 필요하다. 하지만 세월호 참사 당일 안전행정부와 중대본을 중심으로 한 대응 체제는 제때 작동하지 않았다. 대규모 인적 재난 상황에 맞는 지침을 각 부처에 주지 못했다. 실제 대응한 모습은 속수무책에 가까웠다.

세월호가 60도 이상 기울어진 오전 9시 50분에야 안전행정부 장관이 '중대본 후속 조치, 관계 부처 협조, 현지 상황 파악 및 지원'을 지시했을 정도다. 세월호가 오전 10시 31분 침몰되어 해상 구조가

---

41 재난안전법 제14조, 15조, 15조의2, 16조.

중단된 상황임에도 1시간 38분이나 지난 낮 12시 9분에 국방부 등에 협조를 요청했다. 또 사고가 접수된 오전 8시 52분에서 4시간 30분이 지나서야 현장관리관을 전남 진도에 파견했다(현장관리관은 재난안전법상 조치 내용을 미처 파악하지 못한 상태였다). 그리고 사고가 접수된 지 10시간이 지나서야 8개 부처, 4개 지방자치단체에 임무와 역할을 부여하는 공문을 발송했다.

이렇게 모든 것이 겉핥기식 대응이었다. 무엇보다도 해상 사고 대응은 사고가 해양수산부의 관할 구역에서 일어나는 것인 이상 해양수산부의 업무라는 생각이 만연했다. 자신들의 업무가 아닌 일에 그토록 적극 나설 필요가 없다는 것. 안전행정부 상층 지휘부는 평상시 자기 관할, 자기 소관 업무만을 챙기는 사고에 빠져 있었다.

이를테면 감사원 조사에서 나온, 헬기 대기를 위해 경찰교육원에 있었다는 안전행정부 장관의 진술은 허위일 가능성이 높다. 오전 9시 47분 장관과 해경교육원장과의 대화를 보면 "해수부 장관께서 탁 지휘하는 모습을 보여주는 게 내가 보기엔 모양이 더 좋을 것 같다" "인명 사고가 났든, 안 났든 해수부 장관이 현지에 빨리 가보시는 게 맞지 않겠어요" 하면서, 중대본 최고 지휘자로서 구조에 대한 신속한 지휘와 대응은 기대하기 어려웠다. 결국 사고를 처음 보고받은 지 1시간 27분이 지난 후인 10시 59분에야 비로소 경찰교육원 팀장을 통해 해경에게 헬기 이동을 위한 장소를 문의하게 했다.

중대본은 해경과 사전에 협의하지도 않은 채 피해와 구조 상황을 발표하는 것으로 결정했다. 해경도 오전 11시에 자체적으로 브리핑했고, 내용도 서로 달랐다. 중대본 구성을 위해 한 공간에 모인 각 기관의 인력들은 구조자 수를 집계하고 언론에 브리핑하는 일에 매달렸다. 그뿐이었다. 물론 그마저도 신속히 실행하지 못했고, 정확한 정보 수집[42]조차 이루어지지 않았다. 당일 1시간 간격으로 언론 브리핑을 하는 데 치중하다 보니 담당 공무원조차 업무가 과도하다고 지적할 정도였다.

참사 당일 오전 11시 4분에 나온 언론의 전원 구조 오보에 대해 중대본은 사실관계를 확인하지 않았다. 그 후에도 바로잡지 않고 방치했다. 그 결과 경기교육청이 38개 언론사에 '전원 구조' 문자를 발송하게 되고, 언론사들이 이를 재차 보도하는 등 확대 재생산되고 말았다. 오후 2시 19분 안전관리본부장이 안전행정부 장관에게 유선으로 상황 보고를 할 때 이를 알리지 않았고, 결국 오후 2시 24분 안전행정부 장관이 대통령비서실장에게 유선보고를 할 때도 이 사실이 누락되었다.[43]

따지고 보면 중앙안전상황실도 언론 대응을 할 때 운영 규정 매뉴얼을 따르지 않았다. 2014년 2월 경주 마우나리조트 붕괴 사고 당시

---

42 감사원 감사에서 각종 보고서, 해경과 해양수산부 파견관을 통해 정보를 확인했다고 해양수산부 관련자가 진술했다.

43 2014년 7월 국회 국정조사에서 김규현 국가안보실 제1차장은 대통령은 오후 2시 50분, 비서실장은 오후 3시 30분에 구조 인원이 잘못되었음을 인지했다고 진술했다.

경상북도와의 회의 내용을 보면 이때도 언론 대응에서 동일한 문제가 발생했는데, 그럼에도 안전행정부는 이후 이를 시정하지 않았던 것이다.

중대본은 참사가 발생한 지 50분 넘은 오전 9시 45분이 되어서야 가동했다. 앞서 말했듯이, 안전행정부 장관은 사고가 발생한 것을 알고도 경찰교육원 졸업식에 참가해 기념사진을 찍었다. 또 장관은 오후 1시가 훌쩍 넘은 시각에 진도 팽목항에 도착했다. 그 참사 현장 방문은 관료 사회에서 볼 수 있는 전형적인 현장 순시였다. 지휘 역량을 가진 전문적 지휘관이 현장을 장악하고 통솔력을 발휘하면 모를까, 비전문가인 고위직이 현장을 방문하면서 구조 작전은 방해를 받고 구조 인력은 분산되었을 뿐이다.

또 청와대와 해경의 핫라인과는 달리 안전행정부에 파견된 해경, 해양수산부 관계자가 파악한 현장 정보는 정확성을 담보하지 못했다. 그것은 관할과 영역, 직렬 구조를 중시하는 관료 구조 때문이었다. 국민 생명과 직결되는 문제에서도 관료들은 자기 밥그릇 지키기에 매달렸다. 전형적인 관료제의 병폐였다.

더 나아가, 참사 당일 오후 늦게부터 정부 부처마다 사고대책본부(10개)가 난립한 것도 같은 맥락에서 볼 수 있다. 그 대책본부들은 유사한 보고를 양산했을 뿐인데, 중대본이 나서서 청와대와 협의해 이러한 난립상을 조정했어야 했다. 물론 참사 당시 부처 간의 혼선 문제는 기본적으로 청와대가 컨트롤 타워 역할을 포기한 데서 기인한다. 이 모든 것이 재난 관리 시스템의 부재, 재난 컨트롤 타워의 부재를 그대로 반영했다. 이처럼 청와대가 재난 상황에서 컨트롤 타워 역할을 수행하지 못한 것의 폐해가 극심했다.

안전행정부 장관에게 보고된 것과 장관이 인지한 내용
(:보고에서 누락된 내용, 조치했어야 하는 사항)

· 09:19

상황실이 YTN 뉴스를 보고 나서 세월호 침몰 사고가 일어났음을 인지했다.

: 08:52 최초 신고가 119에 걸려온 뒤 바로 중대본에 사고 상황이 접수되어야 했다. 대형 사고로 이어질 가능성을 확인해 중대본을 설치하고, 중대본은 해양수산부에 중수본과 전남 지역 재난안전대책본부를 운영하도록 지시했어야 했다. 또 전문가들로 구성된 중앙사고수습단을 구성함으로써 구조 방법을 제시하고, 특히 해군과 해경, 소방방재청에 협력을 지시했어야 했다(선박사고 위기관리 매뉴얼을 검토하고 현장에 적용할 방안을 강구했어야 했다.).

- **09:22**

상황실이 해경 본청과의 통화를 거쳐 '승객 350명 탑승한 여객선 침몰 중'임을 인지했다.

: 세월호가 45도 이상 기울어진 시각은 09:16이었다. 현장실무반을 통해 중수본이 어떻게 운영되고 각 부처는 어떻게 지원하고 있는지 상황을 확인하고 지원했어야 했다.

- **09:25**

안전행정부 장관이 500여 명 승객들이 탄 여객선이 조난되었다는 언론 속보의 내용을 보고받았다.

: 장관은 세월호가 침몰할 위험이 있다는 보고를 듣는 즉시 본부로 복귀했어야 했다. 승객들을 구조하기 위해 부처들과 협력해 자원을 동원할 계획 등을 짜면서 중대본을 지휘했어야 했다. 각 부처의 협력을 원활히 하기 위해서라도 청와대와 대통령에 협조를 구했어야 했다.

- **09:38**

안전행정부 장관이 중대본을 가동할 것을 지시했고, 09:40에는 아산 경찰교육원에 도착했다. 09:45 중대본이 구성되었다.

: 세월호가 54.4도 기울어진 시각이다. 구조 현황을 확인하면서 최악의 상황에 대비해 구조에 필요한 자원과 방법을 강구

했어야 했다.

· **09:47~09:48**

안전행정부 장관이 해경교육원장과의 대화에서 '해양수산부 장관이 지휘하는 것이 모양이 더 좋다'고 했다.

: 세월호가 62도 이상 기울어진 시각이다. 대형 참사를 방지하기 위해 중수본부장, 중구본부장과 직접 통화하면서 상황에 맞는 지휘를 했어야 했다.

· **09:50**

안전행정부 장관이 뒤늦게 '중대본 후속 조치, 관계 부처 협조, 현지 상황 파악 및 지원'을 지시했다.

: 세월호가 62.6도 기울어진 시각이다. 각 부처의 협력 현황을 살피고 현장 상황 등에 맞는 지휘를 했어야 했다.

· **10:13**

해양수산부에 중수본을 구성할 것을 요청했다.

: 08:52 최초 신고가 119로 걸려 와서 대형 참사 가능성을 인지했을 때부터 해양수산부에 중수본을 가동할 것을 요구하고 구조에 필요한 자원을 확인했어야 했다.

· **10:25**

청와대가 중대본과 해양경찰청에 대통령의 지시 사항을 유선으로 통보했다.

: 세월호가 108도가량 기울어진 시각이다. 청와대의 지시를 이행하기 위해서라도, 수색 구조를 할 수 있는 통영함 등 해군이 직접 구조 지휘를 맡게 해달라고 청와대에 요청했어야 했다.

· **10:40**

안전행정부 2차관이 1차 중대본 브리핑을 진행했다. (6차까지는 차관이 진행했고, 7차부터 장관이 맡았다.)

: 세월호가 10:31 완전 전복해 침몰하기 시작했다. 전복 후 수색 구조 지휘는 해군이 맡게 하고, 또 해경과 소방방재청이 이에 협력하도록 요청했어야 했다.

· **10:57**

재난관리국장이 해경 경비국장과의 통화에서 많은 승객이 배 안에 잔류하고 있다는 사실을 인지했다.

: 해군과 해경, 소방방재청이 수색 구조를 하는 데 필요한 자원 동원 상황을 파악하고, 현장 지휘에 따라 협력하도록 지시했어야 했다.

- **10:59**

관련 기관에 선박 침몰 사고에 대응할 공무원을 중대본에 파견해달라고 요청했다. (해양수산부, 국방부, 문화체육관광부, 교육부, 보건복지부, 해양경찰청, 소방방재청 7개 기관이었다.)

: 중대본 현장실무반을 통해 이후 재난 관리에 필요한 사항을 확인한 다음 대책을 강구했어야 했다.

- **11:08~11:58**

안전행정부 장관이 운무가 끼어 경찰교육원에서 헬기로 출발하지 못하고, 조치원헬기장으로 차량을 타고 이동한 후 탑승을 완료했다. 이렇게 장소를 이동하는 데 50분이 걸렸다.

- **11:15~11:26**

상황실이 언론의 전원 구조 보도가 오보라는 것을 인지했고, 또 재확인했다.

: 언론에 전원 구조 보도가 오보이며 정정 보도를 해달라고 요청하고, 이를 각 부처에 전달했어야 했다.

- **12:09**

국방부와 교육부, 전라남도 등에 "인명 구조 등을 위한 협조에 만전"이라는 메시지를 전송했다.

: 수색 구조 상황에 맞게 어떤 지원이 필요한지 확인하고, 협의된 재난 관리 대책에 따라 부처들에게 역할을 지정했어야 했다.

· **13:22**

선박 침몰 사고를 조사할 현장관리관을 파견했다고 알리는 공문을 보냈다.

· **14:04**

상황실이 구조 인원 집계에 오류가 있음을 인지했고, 14:34 이를 장관에게 보고했다.
: 구조 인원 집계의 오류를 정정하고 이 사실을 각 부처에 알렸어야 했다.

· **18:55**

중대본이 8개 부처와 4개 지방자치단체(13개 기관)에 임무와 역할을 부여하는 공문을 보냈다.

05 청해진해운의 전화번호를
추가했을 뿐이다

—

해양 사고의 주관 부서는 해양수산부이다. 역시 일상적으로 해상 위험을 통제하는 정책을 세우고 제대로 관리를 했는지를 점검해봐야 한다. 해양 안전관리 역시 체계화가 중요하다. 해양수산부가 해양 소관 부처로서 안전 기준을 제정하고 안전 검사를 시행하는 등 안전 관리를 전담했어야 했다. 그러나 해양수산부는 한국해운조합에 안전 운항 관리를 위임했으며, 관련 규정을 바꾸어 해경이 운항관리자의 직무 수행을 지도·감독하는 일을 맡도록 했다. 이는 해양수산부가 직접 안전 업무를 감독했을 때 생기는 부담과 위험을 회피하기 위해서였다. '위험 업무 외주화'의 전형적인 예이다.

위험한 업무를 피하기는 해경 쪽도 마찬가지였다. 역사적으로 김영삼 정부 때에 해경을 미국의 연안경비대처럼 정비하는 조직 개편이 시도된 적이 있었으나, 해경의 극단적인 반대로 무산되었다. 그후 해경은 1998년 독립 외청으로 승격하면서 해상 사고 대응보다 경찰 기능에 집착했다.[44]

해양수산부는 이명박 정부 당시 해체되었다가 2013년 박근혜 정부가 들어서면서 다시 부활했다. 그렇게 해체와 부활을 반복하는 과정에서 해경과 함께 자신들의 권한과 업무를 원칙도 없이 분할했다. VTS 관할권, 운항관리자 운영, 선박 종류별 안전 관리 등을 둘이 나누었다.[45] 17개 VTS 중 2개(진도와 여수)는 해경 관할로 넘어갔고, 15개는 해양수산부 관할로 남았다. VTS 운영은 해상 사고를 예방하고 통제하는 핵심 사안인데, 해양수산부는 운영상의 난제를 판단하지 않은 채 연안항로라는 이유만으로 해경과 관할을 나눈 것이다. 그런 다음 상호 간에 보고 의무를 없애버렸다. 그런 상태에서 세월호 참사 당시에는 관제에 실패하면서 뒤늦게 사고를 접하게 되었다. 그리고 다른 부처들도 그랬듯이 자기 관할만을 따지며 초기 대응에 안일했다. 그들의 안일함이 무슨 결과를 가져왔는지 따져봐야 한다.

한편으로 세월호 참사는 부패와 무능의 산물이기도 했다. 이윤만을 추구하는 기업과 기업 비용을 위해 국민 안전장치를 해체한 정부

---

44 정유섭 전 해운조합 이사장의 인터뷰(월간조선 2014년 6월).

45 2007년 12월 허베이스피릿호 기름 유출 사고가 난 뒤 총리실은 VTS를 해경 쪽으로 이관하는 방법을 검토하라고 지시했으나, 일원화는 이뤄지지 않았다(동아일보 2014.5.1).

의 규제 완화, 그리고 최소한의 안전 기준을 지키도록 선사들을 감독하지 못한 관료들이 결합한 곳에서 사고가 일어났다. 다시 말해, 무능하고 부패한 해양수산부의 관리 행정이 사고를 불렀다.

특히 영세한 연안 업계와 해운사들의 이익집단인 한국해운조합, 선박 안전 검사 대행 기관인 한국선급과 선박안전기술공단 등이 일상적으로 카르텔을 형성해[46] 자신들의 요구를 정부 정책에 관철시켰다. 즉 한국해운조합과 한국선급 등이 해양수산부와 해경의 전직 관료들을 영입했고, 이 전직 관료들을 통해 자신들의 관리·감독 기관인 해양수산부와 유착하는 방식이었다. 여기에서 '해피아'라는 신조어가 만들어졌다. 그럴수록 승객들의 안전은 뒷전으로 밀려났다.

해양수산부는 내항 여객선사로부터 징수하는 운항관리비용 부담률 등을 정하는 '여객선 운항관리비용 징수에 관한 고시'[47]를 운용하는데, 그 비용의 일부를 국가가 지원하는 식으로 근거를 바꾸었다.[48] 내항 여객선과 여객 수송량이 증가하면서 안전 운항 업무를 위해 운항관리자 인력을 충원해야 했는데도, 해양수산부는 운항관리비용 부담률을 계속 인하했다.[49] 그리고 선령 기준 완화로 여객선의 노후화가 심해지고 사고 가능성이 높아진다는 자체 용역 보고서의

---

46 세월호특조위, '선령제한 기준완화의 적정성에 대한 신청 사건 조사보고서' 참조.

47 운항관리비용에 관한 규정은 1973년 8월 23일 '연안항로 정기여객선 운임규정'으로 제정된 뒤, 2010년 1월 1일 '여객선 운항관리비용 징수에 관한 고시'로 변경되었다.

48 해운법 시행규칙 제15조의12 1항.

49 감사원 감사와 야당의 국정조사특위백서.

지적이[50] 있었음에도, 노후 선박의 관리 업무에 소홀했다. 제대로 관리하지 않았던 것이다.

해양수산부는 해경을 지휘하지 않았다

참사 당일 해양수산부는 오전 9시 40분에 중수본을 설치했다. 그런데 해양수산부 종합상황실은 세월호 침몰 소식을 다른 중앙 부처보다 훨씬 이른 시각에 인지했다. 세월호가 8시 55분에 첫 조난 신고를 진도VTS가 아니라 해양수산부 산하인 제주VTS로 했기 때문이다. 제주VTS는 9시 3분 해양수산부 종합상황실로 사고 사실을 보고했다. 초동 대처가 가능한 시간이었다.

하지만 초동 조치에서 지휘 업무를 전적으로 해경 지휘부에 맡겨버렸다. 그런 상태에서 중수본은 허울뿐이었다. 영상을 송출하라, 동원 및 구조 세력을 확인하고, 선원과 구조 인원에 대해 보고하라는 요구만 하면서 정작 지휘는 하지 않았다. 감사원 감사와 국정조사에서도 참사 당일 지휘에 대해서는 안전행정부, 구조에 대해서는 해경을 조사했지, 해양수산부가 해경을 제대로 지휘했는지에 대해서는 조사하지 않았다. 이는 해양수산부가 자신들의 역할을 사고의 후방 수습과 지원으로 국한한 것을 사실상 인정한 꼴이다. 동시에 재난안전법상의 지휘 조항이 실효성이 없다는 것을 반증하는 것이

---

50 국토해양부, '연안여객운송산업 장기발전방안 연구'(2012).

기도 하다.

이주영 당시 해양수산부 장관은 세월호특조위 1차 청문회에 출석해 다음과 같이 발언했다.

"범대본이라기보다도[51] 그것은 현장 구조에 대한 모든 상황 인식과 판단은 저희들은 해경에 맡겼고요."

과연 해양수산부가 당시 현장 지휘를 해경에게 맡기는 것이 옳았는가. 2013년 6월 4일 정부 정책을 소개하는 블로그 '정책 공감'에 실린 소개를 보면, 해양수산부 종합상황실의 주요 업무는 해적 피해 예방 업무, 북한 위협으로부터 우리 선박 안전 확보, 재난ㆍ위기 상황에 대한 대비ㆍ대응, 연근해 어선 안전 조업 지도 등이라고 나온다. 이렇게 '재난 상황에 대한 대응'이 명시되어 있다. 2014년 2월 25일 해양수산부 홈페이지 FAQ 코너에 실린 종합상황실에 대한 소개에도, 주요 업무로 '해양 사고 발생시 상황 파악ㆍ보고, 담당 부서 및 외부 전파, 피해 최소화를 위한 초기 대응 및 지속 모니터링 실시'가 가장 상위에 소개되어 있다. 누가 보더라도 해양수산부 종합상황실의 주된 업무는 해양 사고에 대응하는 일이었다. 참사 당일 해양수산부는 자신들의 본분에 충실하지 않았다.

해양수산부가 그다음에 한 일은 무엇이었을까. 9시 31분부터 10

---

51 사고 발생일인 4월 16일 밤 국무총리 주재의 관계장관회의에서 만들어진 범정부사고대책본부를 말한다. 2014년 7월 국회 국정조사에서 한 야당 의원은 범대본의 법적 지위에 대한 문제점을 제기했다.

시 30분까지 해경 본청과 서해청에 10차례나 전화해서 현장 영상을 요구했다(그중 7차례 통화했다). 배의 기울기와 현장 구조 세력, 입수 여부 등은 단 2차례 질문했을 뿐이다. 훗날 감사원이 사고 전파가 늦지 않았느냐고 질책하자 해양수산부 중수본은 다음과 같이 변명했다. 먼저 조치를 하고 나서 보고를 하다 보니 늦었다고, 또 해경이 상황보고서를 냈기 때문에 자신들은 정보를 더 수합하려 했다고. 사고수습에 대응해야 할 자신들의 본분을 망각한 상태였다.

결국 해양수산부는 상황을 매우 빠르게 파악했음에도 해경에 현장을 맡긴 채 지휘하지 않았다. VTS와 해경에서 이미 한 일을 거드는 정도의 조치만 했을 뿐이다. 해양수산부의 상황보고서 1보에 자체적으로 추가한 사항은 청해진해운의 전화번호뿐이었다.

또 당일 9보까지 나온 해양수산부의 상황보고서를 보면, 인명 피해를 축소하고 구조 인력을 과장하는 등 허위 정보를 양산하고 있다. 상황보고서가 전파된 곳은 '해양선박 위기관리 실무매뉴얼'에 따라 청와대(위기관리센터), 국무총리실(국무조정실), 중대본, 관련 중앙 부처(국가정보원, 외교부, 국방부 등), 해양경찰청(상황실) 등이었다. 그 매뉴얼에는 중대본이 누락되는 실수가 있었음에도 상황보고서가 매뉴얼과 달리 중대본에 전파되었다. 2014년 2월까지 '해상선박사고 표준매뉴얼'을 작성하라고 해양수산부 장관이 지시했으나 작성되지 않은 상태였다.[52] 최초 상황 보고에는 피해 상황만 담겼을 뿐이다.

앞서 말했듯이, 현장에서는 대응 기관들이 자신들의 업무 관할이 아니라는 이유로 전파를 미루면서 초동 조치가 지연되었다. 상황전파표(업무표)에 의하면, 세월호의 최초 조난 신고를 받은 제주VTS는 구조 세력과 더 가까운 곳에 있는 진도VTS로 즉시 상황을 전파했어야 했다. 나중의 조사에서, 제주VTS는 '해경이나 다른 기관에서 연락을 취했을 거라고 생각했기 때문에 진도VTS로 상황을 전파하지 않았다'고 했다. 또 '신고 접수 후 후속 조치로 제주해경에게 연락했는데, 해상 구조는 제주해경의 책임이기 때문'이라고 변명했다.

그 후 제주VTS 센터장은 자신이 통솔하는 관제사가 세월호 조난 상황에서 VHF 16번 채널을 이용해 조난 신고를 하지 않은 사실, 진도VTS로 즉시 조난 사고를 전파하지 않은 사실에 대해, 전파법 제28조와 '제주VTS 운영 규정 및 매뉴얼'을 위반한 조치라고 인정했다. 관할 간의 책임 떠넘기기와 '부처 칸막이'의 폐해로 상황 전파가 지체된 전형적인 사례였다.

---

52 해양수산부의 '해양선박 위기관리 실무매뉴얼'에는 상위 구조본부인 중대본이 적시되어야 함에도 누락되어 있었다. 이렇게 해양수산부는 틀린 실무매뉴얼을 수정하지 않았을 뿐 아니라, 담당자는 장관의 지시에도 불구하고 표준매뉴얼을 만들지 않았다 (2014년 7월 국회 국정조사, 야당의 국정조사특위백서).

해양수산부와 해경 본청의 상황보고서, 해경 경비전화 녹취록

(괄호 안은 출처)

· 08:55

제주VTS에 세월호로부터 구조 요청이 들어왔다(해양수산부 상황1보 10:06).

· 08:56

제주VTS는 즉시 122(해양긴급신고)로 제주해경에 사고 상황을 알렸다(중앙해양안전심판원).

· 09:00

제주VTS는 세월호와 교신하면서 승객 등 퇴선 준비를 지시했다고 주장했다. 즉 세월호가 제주VTS와 VHF 채널 21번으로 교신하며 "좌현으로 더 기울어졌으며, 컨테이너도 넘어갔다. 사람 이동 불가능하다. 인명 피해 여부를 확인하는 것도 불가능하다"고 보고하자, 제주VTS가 "인명들 구명조끼 착용하고 퇴선 준비하라"고 지시했다는 것이다. 이를 옆에서 들은 2등 항해사가 선내 무전기로 사무장 양대홍에게 '여객들에게 움직이지 말고 선내에 대기하라'는 취지의 지시를 내렸다고 한다

(중앙해양안전심판원). 하지만 광주지방법원은 선원 판결에서 그런 교신 내용이 있었다는 사실을 인정할 증거가 없다며 진술을 배척했다.

· **09:03**

제주VTS가 해양수산부 상황실에 사고 사실을 전파했다. 이때 해양수산부 종합상황실도 세월호 사고 상황을 유선으로 보고 받았다고 했다(감사원 조사).

· **09:10**

해양경찰청에 중구본이 설치되었다(해경 상황2보 10:23; 해양수산부 상황2보 11:00).

· **09:16**

해양수산부 종합상황실 주무관이 세월호가 45도 기운 것으로 추정된다는 등의 내용을 상황관리팀장 등에게 문자로 보고했다(감사원).

· **09:18**

해양수산부 종합상황실 주무관이 해양 사고 관련 부서의 직원들 35명에게 문자 보고를 했다(감사원).

· **09:20**

해양수산부 상황관리팀장이 해양수산부 과장에게 문자 보고를 했다(감사원).

· **09:21**

해양수산부 상황관리팀장이 해양수산부 국장에게 문자 보고를 했다(감사원).

· **09:29**

해양수산부 장관이 해경에서 파견 나와 있던 치안정책관으로부터 사고 상황을 보고받았다(국정조사 회의록).

· **09:30**

제주VTS가 해양수산부로 사고보고서를 전파했다. 해양수산부도 보고서를 받았다는 사실을 확인했다(감사원). 서해청 소속인 B-511 헬기와 목포해경 123정이 사고 현장에 도착해서 구조에 임했다(목포서 상황2보 09:42).

· **09:37**

해양수산부가 해경에게 현장 영상을 전송하라고 요구했다(해경-해양수산부 2342).

• **09:40**

세월호가 55.3도 기울었다[세월호 2층 C데크는 좌현 쪽이 완전히 침수했다](광주지방법원 선원 판결).

해양수산부에 중수본이 설치되었다(해양수산부 상황2보 11:00).

B-511 헬기가 6명을 구조했다(서해청 상황2보 11:32).

해양수산부 비상안전담당관실이 '해양선박사고 위기대응 매뉴얼'에 따라 '심각' 경보를 발령했다(해양수산부 상황6보 15:00).

• **09:43**

해양수산부가 해경에게, 항공 지원이 필요하면 국토부 운항정책과로 연락하라고 연락처를 알려주었다. 이때 현장 영상을 보내달라고 다시 요구했다(해경-해양수산부 2342).

• **09:44~10:15**

B-511, B-512, B-515 헬기가 18명을 구조했다(해경 상황2보 10:23).

• **09:44**

세월호가 56.7도 기울었다[3층 좌현 갑판이 침수되기 시작했다](광주지방법원 선원 판결).

서해청 소속인 B-511 헬기가 승선원 6명을 구조했다(목포서 상황3보 11:08).

• **09:45**

안전행정부에 중대본이 설치되었다(안전행정부 상황5보 13:00).

• **09:46**

해양수산부 항해지원과장이, 세월호가 90도 기울었고, 현장에 경비함정 1척만 있으며, 해군 배가 10:10 현장에 도착한다는 사실을 확인했다. 해경은 세월호가 부력이 있어 침몰하지 않을 것이며, 사람들이 바깥 라인에 나와 있고, 현장 경비정이 구조 중이라고 보고했다(해경-해양수산부 2442).

또 해양수산부가 카메라가 설치된 함정이 있는지 물으면서 함정에 ENG 카메라를 연결하라고 요구하자, 해경은 현장에 도착한 배 중 300톤 이상 되는 함정이 없다고 보고했다(해경-해양수산부 2742).

• **09:50**

123정이 승객 52명을 구조했다(해경 상황2보 10:23).

123정이 승선원 80명을 구조했다(목포서 상황3보 11:08).

• **09:58**

해양수산부 상황실이 카메라가 설치된 278함이 어느 곳에 위치하는지 물었다(해경-해양수산부 2752).

• **10:00**

목포서에 지방사고수습본부가 설치되었다(해양수산부 상황2보 11:00).

해양수산부가 278함으로부터 영상이 오지 않는다며 차관에게 보고하기 위한 것이니 다른 배를 통해 ENG 카메라 영상을 보내달라고 요구했다. 해경은 278함이 아직 현장에 도착하지 못했으며, 현장은 구조 작업 중이라 정신없다는 것을 강조했다(해경-해양수산부 2742).

중앙해양안전심판원이 사고 초동 조사를 위해 직원을 현장에 파견했다(해양수산부 상황6보 15:00).

• **10:06**

현재까지 인명 피해는 없고 침수로 인해 선체가 좌현으로 50도 기울었다(해양수산부 1보 10:06).

• **10:08**

해양수산부가 278함을 통해 영상을 보내달라고 다시 요구했다. 그 배가 현장에 도착하지 않았더라도 일단 카메라 화면을 연결해달라고 했다. 그러자 해경은 자신들도 현장 화면을 보지 못하고 있는 상황이고, 현장에 항공기 4대와 P정 100톤급 1척만 도착했으며, 사망자와 익수자 현황을 파악하지 못하고 있다고 보고했다(해경-해양수산부 2742).

· **10:24**

해양수산부가 현장 영상을 다시 한 번 요구하자, 해경이 278함이 아직 도착하지 않았다고 했다(해경-해양수산부 2742).

· **10:28**

해양수산부가 계속 현장 영상을 요구하자, 해경이 '죄송합니다. 저희도 연결이 안 되고 있습니다'라고 답변했다(해경-해양수산부 2742).

· **10:31**

세월호가 완전 전복되었다(감사원).

· **10:33**

해경이 해양수산부에, 278함에게 현장 영상을 전송하도록 조치했다고 보고했다(해경-해양수산부 2742).

• **10:34**

해양수산부가 구조된 인원이 있는지 물어보자, 해경이 아직 파악하지 못하고 있다고 답변했다(해경-해양수산부 2342).

• **10:56**

해경이 해양수산부에, 구조 인원은 100여 명이며 이 수는 중복된 것일 수 있다고 보고했다(해경-해양수산부 2342).

• **10:59**

해양수산부가 세월호가 bulbous bow(구상선수) 빼고 다 침몰된 상황임을 확인하고, 구조 인원과 구조 상황, 학생들 위치, 배 밖으로 나온 인원 등을 묻자, 해경이 파악하지 못했다고 답변했다. 또 해양수산부가 영상이 나오는 278함이 현장과 어느 정도 거리에 있는지 다시 물었다(해경-해양수산부 2954).

• **11:00**

인명 피해는 없고, 선체 침수로 인해 전복되어 선수부만 해상에 노출되어 있으며, 승선원 475명 중 140명이 구조되었고, 여객보험은 1인당 3억 5000만 원으로 총 1575억(해양수산부 상황 4보 11:50).

해양수산부 해양환경정책과가 대규모 해양 오염에 대비해 '관심' 단계를 발령했다(해양수산부 상황4보 11:50).

· **11:13**

해양수산부가 잠수 다이버가 입수했는지를 묻자, 해경이 확인하지 못했다고 답변했다(해경-해양수산부 2742).

· **11:20**

승선원 475명 중 161명 구조함. 동원 세력 해경정 4척, 해군정 7척, 헬기 4대가 현장에 도착함. 인근 어선 10척과 통항 선박, 유조선 두라에이스호에 구조 협조를 요청함(해양수산부 상황3보 11:20).

승선원 477명 중 162명 구조함(해경 상황3보 11:25).

해경이 해양수산부장관이 위기관리상황실 회의실에 임장하고 있다고 보고했고, 해양수산부는 장관이 현장으로 이동할 수단이 어떻게 되는지 등을 확인했다(해경-해양수산부 2442).

· **11:24**

목포 122구조대 4명을 현장에 투입했다(서해청 상황2보 11:32).

· **11:25**

세월호는 선수 일부분만 육안으로 확인된다. 수심은 32미터

(해경 상황3보 11:25).

• **11:27**

해양수산부가 사람들의 위치를 묻자, 해경이 파악할 수 없는 상황이라고 답변했다. 그리고 구조한 인원이 162명이라고 했다(해경-해양수산부 2742).

• **11:31**

세월호는 완전 전복되어 선수 일부분만 육안으로 확인된다. 수심은 32미터(감사원).

• **11:34**

해경이 현장 구조 세력은 해경 36척, 해군 15척, 기타 1척이며, 헬기는 총 6대, 어선은 대략이라도 파악되지 않고, 공군 수송기도 파악하기 어렵다고 보고했다(해경-해양수산부 2742).

해경 본청 상황실장이 해양수산부장관이 현장으로 이동해야 하니 팬더512는 지금 임무를 중지하고 무안공항에 가서 연료를 수급받고 대기하라고 하자, 현장에 나가 있던 직원이 구조하는 상황에서 누가 그런 지시를 하느냐고 항의했다(현장 측 해경과 해경 본청 상황실 간의 통화).

· **11:42**

해양수산부가 구조대가 현장에 도착했는지를 묻자, 해경이 아직 파악하지 못했다고 답변했다(해경-해양수산부 2742).

· **11:43**

해경 본청 상황실장이 제주청에, 해양수산부 장관이 편승해서 이동한다고는 대외적으로 얘기하지 말고 무안공항에서 연료를 수급받은 다음 장관을 태워서 이동하라고 하며, 본청에서 항공대에 직접 연락하겠다고 했다(해경-제주청 2142).

· **11:50**

승선원 477명 중 사망 1명, 구조 162명이며, 현재 구조 작업 중. 선체 침수로 인해 전복되어 침몰됨. 수심은 32미터. 동원 세력은 선박 49척, 항공 6대이며, 인근 어선도 구조 작업 중. 선박보험 가입액은 113억 원, 여객보험은 1인당 3억 5000만 원임(해양수산부 상황4보 11:50).

· **12:00**

승선원 477명 중 구조 179명, 사망 1명. 선수 일부분만 육안으로 확인됨. 수심은 32미터. 동원 세력은 함선 52척, 항공 14대임(해경 상황4보 12:15).

중앙해양안전심판원이 특별조사부를 설치해 운영한다(해양수

산부 상황6보 15:00).

· **12:05**

해경 305함이 현장에 도착해 구조에 임한다(목포서 상황5보

15:51; 서해청 상황5보 18:05).

· **12:15**

122구조대 10명이 현장에 도착했고 세월호 주위에 앵커 부이

를 설치했다(목포서 상황5보 15:51; 서해청 상황5보 18:05)

· **12:25**

군산서 321함과 322함이 현장에 도착해 구조에 임했다(목포서

상황5보 15:51; 서해청 상황5보 18:05).

· **12:33**

해양수산부 상황실이 뉴스 속보에 사망자가 한 사람 더 추가

되었다는 보도가 나왔다고 하자, 해경이 병원에 이송한 후로

아직 파악하지 못했다고 보고했다(해경-해양수산부 2342).

· **12:40**

1010함이 현장에 도착해 구조에 임했다(목포서 상황5보 15:51).

1010함과 목포서 방제20호가 현장에 도착했다(서해청 상황5보 18:05).

· **12:41**

해양수산부가 상황실이 추가된 사망자를 확인했느냐고 묻자, 해경이 그것까지는 확인하지 못했다고 답변했다(해경-해양수산부 2242).

· **12:46**

해양수산부가 전화해 사망자, 승선원 수를 확인했다. 사망자 1명, 승선원 477명임(해경-해양수산부 2342).

· **13:00**

승선원 477명 중 사망 2명, 구조 350여 명. 동원 세력으로 선박 98척, 항공기 13대가 출동함(해양수산부 상황5보 13:00).

· **13:00~13:30**

목포 122구조대 6명이 1차로 입수했으나 시정이 낮아 진입할 수 없다(서해청 상황5보 18:05).

• **13:01**

해양수산부가 전화해, 사망자 2명, 승객 477명이 맞는지 확인했다(해경-해양수산부 2342).

• **13:11**

해경이 구조 인원이 총 350~360명이 될 것으로 파악하고 있다고 보고했다(해경-해양수산부 2342).

• **13:22**

해양수산부 장관이 서해청에서 브리핑을 받았다(해경-서해청 2142).

• **14:24**

구조 인원이 164명, 사망자 1명이라고 보고했다(해경-해양수산부 2442).

• **14:30**

승선원 477명 중 구조 인원은 사망자 2명을 포함해 166명. 선수 일부분만 육안으로 확인되며 수심은 32미터. 동원 세력은 함선 93척과 항공기 18대. 해경청장이 목포해경 3009함에 편승해 현장 지휘중(해경 상황5보 14:37)

• 14:30

선체 침수로 인해 전복되어 선수 하부만 일부 노출되어 있고 수심은 32미터. 승선원 477명 중 사망 2명, 구조 164명. 내용 정정: 해양경찰청에서 인원 파악이 중복되었다는 이유로 구조 인원을 350여 명에서 164명으로 정정함. 동원 세력은 선박 98척과 항공기 13대(해양수산부 상황6보 15:00).

• 15:00

해양수산부는 중수본에 특별운영팀을 구성했다. 특별운영팀은 총괄팀, 현장팀, 지원팀으로 구성되어 운영된다. 이주영 장관이 현장 지휘를 하면서 진도 사고 현장을 방문해 구조자를 위로했다. 선체 인양을 위해 크레인이 출동할 계획이며, 현재 출항 준비 중, 출동 시각은 4·17(목) 예정임. 향후 조치로, 수색 구조 활동을 진행하고 사고 원인을 조사하며, 사고 재발 방지 대책을 수립할 것임(해양수산부 상황6보 15:00).

승선원 459명 중 166명 구조(생존 164명, 사망 2명). 선수 일부분만 수면 상에 노출되어 있는 상태로 선체는 전복됨. 수심 34미터. 수중 수색: 잠수 요원 160명(해경 118명, 해군 42명) 동원, 생존자를 찾기 위해 격실 등 수색, 시정이 좋지 않아 수중 작업이 어려움. 해상 수색: 함정 72척(해경 55척, 해군17척), 기타 선박 27척(관공선 9척, 어선 18척). 항공 수색: 항공기 18대(해경 14

대, 해군 4대) 동원해 입체적 수색 중. 선사 측에서 민간 구조 업체인 언딘을 지정해 현장 이동 중. 선내 잔류자 구조 계획(해경 상황6보 16:31).

· **15:10**

구조 인원이 350명에서 165명으로 변경된 사유는 차도선으로 오던 구조 인원을 중복 집계했기 때문이며, 민간인선에서 중복 집계했다고 보고했다. 또 승선원이 450명이라고 수정 보고했다(해경-해양수산부 2342).

· **15:59**

해경이 승선원이 459명이라고 알렸고, 해양수산부는 보고서를 독촉했다(해경-해양수산부 2442).

· **16:31**

해양수산부가 차관에 보고해야 한다며 동원 세력 현황을 물었다. 해경은 80척을 동원해 현장에 60척이 도착했고, 해군은 총 19척을 동원해 17척이 현장에 도착함. 기타 선박으로는 관공선이 12척, 민간어선 54척. 항공기는 해경 측이 14대, 해군이 4대(해경-해양수산부 2742).

• **17:05**

해양수산부에서 대책본부의 이름과 연락처를 확인했다. 세월호침수사고 중앙구조본부(해경-해양수산부 2442).

• **17:09**

동원 세력 현황은 해경 상황6보를 기준으로 할 것(해경-해양수산부 2742).

• **17:30**

1010함이 인근 해상에서 시신 1구를 발견함(목포서 상황8보 17:44).

시신 1구를 인양함(해경 상황7보 18:26).

• **17:37**

민간인 스킨스쿠버들이 구조에 참여하려면 어떻게 해야 하느냐고 문의하자, 해경이 목포서로 연락하라고 답변했다(해경-해양수산부 2442).

• **17:38**

탑승자 수가 477명에서 459명으로 변경된 이유는 인솔 교사 15명과 아르바이트생 3명이 중복 계산했기 때문이다(해경-해양수산부 2342).

• 17:40

승선원 459명 중 사망 3명, 구조 164명(해양수산부 상황7보 18:00).

• 17:55

국무총리의 현장 방문 일정을 확인함. 국무총리는 21:50에 무안공항에 도착해 목포에 있는 서해청으로 출발할 것이고, 22:20에 서해청에서 회의를 열 예정임(해경-해양수산부 2342).

• 17:57

국무총리가 22:20에 서해청에서 안전 관련 장관 회의를 열 예정이니, 대응 조치를 할 것(해경-서해청 2042).

• 18:00

현장에 사고수습사무소를 설치했고(진도군 수협), 한국선급 본부장에게 구조 작업 지원차 설계 도면을 지참해 현장에 대기하도록 조치함(해양수산부 상황7보 18:00).

승선원 462명 중 167명 구조(생존 164명, 사망 3명). 선수 일부분만 수면 상에 노출되어 있는 상태로 선체 전체가 전복됨. 수심 34미터. 해경 2명과 해군 2명이 수중 수색 중. 시정이 좋지 않아 수중 작업이 어려움. 해상 수색: 함정 89척(해경 70척, 해군 19척), 기타 선박 66척(관공선 12척, 민간 54척)(해경 상황7보 18:26).

• **18:00~18:10**

3차 수중 수색을 18:00~18:10에 해경 2명과 해군 2명이 실시함. 선내에 있던 실종자를 발견하지 못함. 바닷속 시정이 좋지 않아 수중 작업이 어려움. 해상 수색: 103척(해경 77척, 해군 26척), 기타 선박 66척(관공선 12척, 민간 54척). 항공 수색: 항공기 18대(해경 14대, 해군 4대)(해경 상황8보 20:37)

• **18:10**

해양수산부 상황실: 카메라가 멈췄는데 복구 좀 부탁. 해경: 카메라요? 네(해경-해양수산부 2342).

• **18:36**

122구조대가 표류하는 시신 1구를 찾아냈다(해경 상황8보 20:37).

• **18:50**

조류가 세서 4차 수중 수색을 중단함(해경 상황8보 20:37).

• **19:38**

구조자는 사망자 4명과 생존자 174명, 총 178명임을 확인함
(해경-해양수산부 2442).

• **19:39**

현장 영상이 연결되지 않는다고 복구를 부탁하자, 해경이
3009함에서 영상을 송출하게 하겠다고 답변했다(해경-해양수
산부 2442).

• **20:02**

3009함으로 바꿀 것이 아니라, 계속 다른 영상이 나온다며 복
구할 것을 요청함(해경-해양수산부 2442).

• **20:19**

해경 본청에 추가 상황보고서가 있는지 확인함(해경-해양수산
부 2342).

・**20:30**

승선원 462명(아르바이트생 3명 추가 확인)이며 정확한 인원 확인 중. 승선원 462명 중 구조 178명(생존 174명, 사망 4명). 선체 침수로 인해 전복되어 선수 하부 일부만 노출되어 있는 상태 (수심 37미터). 수색 작업: 선박 155척(해경 70척, 해군 19척, 관공선 12척, 민간 54척), 항공기 17대(해경 14대, 해군 3대) 동원. 해상 수색: 해군·해경 구조대가 수중 수색 중(3차에 걸쳐 총 16명 투입됨). 인근 통항 선박 3척(두라에이스호 외)에 구조 지원을 요청. 관계 부처 차관 11명이 참석하는 회의가 4·17 08:00에 열릴 예정. 인양 작업과 관련해 구난 업체와 계약하고(은진사['언딘'의 오기]) 해상 크레인 3척을 수배 중임. 은진사[언딘]는 인양용 체인을 거는 작업에 1개월이 소요될 것이라 예상함(해양수산부 8보 20:30).

・**20:37**

승선원 462명 중 생존 174명, 사망 4명. 선수 일부분만 수면 위로 노출되어 있는 상태로 선체 전복(수심 34미터). 선사 측에서 민간 구조 업체(언딘)를 지정했고 현장으로 이동 중. 수색에 동원된 함정들이 야간 열상 장비와 공군 조명탄을 이용해 야간 수색 중임(해경 상황8보 20:37)

• **22:30**

승선원 475명(추정) 중 구조 174명, 사망 4명. 선체 침수로 인해 전복되어 선수 하부 일부만 노출(수심 37미터). 8보와 동일함(해양수산부 9보 22:30).

• **22:42**

현장 영상이 계속 안 나온다며 복구할 것을 다시 요청함.

• **23:02**

세월호의 첫 신고자인 최백하 씨는 생존해 있는지를 물어봄 [이름 오류. 첫 신고자는 최덕하 학생](해경-해양수산부 2342).

• **23:12**

해경이 청해진해운에 전화해, 해양수산부 상황실에 보고해야 하니 세월호의 승선 인원이 475명이 맞는지 확인해달라고 함 (해경-청해진해운 2142).

• **23:16**

해경의 브리핑 일정을 묻자, 4월 17일 오후 1시 예정이라고 답변함(해경-해양수산부 2442).

· **23:35**

구조 인원이 175명이 맞는지 확인을 요구하자, 해경이 보고서
를 만들어 곧 보내겠다고 답변함(해경-해양수산부 2442).

· **23:42**

사망자, 생존자 명단을 메일로 보내달라고 요구하자, 해경이
서해청에서 받는데 현재 없다고 답변함(해경-해양수산부
2342).

06 군을 초동 단계에서
투입하지 못했다

—

　　군은 대형 인적 재난이 일어났을 때 초동 조치에 투입되어 국민의 생명을 지키고 피해를 줄이는 데 필요한 가장 강력한 구조 역량이다. 참여정부 이후 군은 '포괄적 안보', 즉 전통적인 안보 이외에 재해와 재난, 산불 등에 대한 대응 지원 업무까지 담당해왔다. 그렇다면 국가 위기 대응을 위해 막대한 예산이 투입되는 군이 세월호 참사와 관련해 인적·물적 자원을 제대로 사용했는지, 그리고 참사 대응에 무력했던 원인이 무엇인지 명확히 규명되어야 한다.

　　세월호 참사에서 승객을 제때 구하지 못한 데에는 바로 군을 효과적으로 동원해 조기에 투입하지 못한 잘못이 작지 않다. 국방부와 군은 당일 행적과 관련 내용을 샅샅이 공개하고 외부 기관의 조사를 받아들여야 한다. 군이 세월호 참사와 관련한 자료에 대해 비공개

방침을 고집하면서 각종 의혹이 양산되고 있는 것이 사실이다. 참사가 일어난 지 3년이 된 지금, 국가 안보와 관련한 사안이 일부 있더라도 이제 그 민감성이 현저히 낮아졌다고 볼 수 있으므로 군은 관련 자료를 공개해야 한다.

국방부는 항공기나 선박의 조난 사고가 발생할 경우 긴급 구조 활동을 신속히 지원하기 위해 탐색구조본부를 설치해야[53] 한다. 해군은 자연 재난 또는 해상 오염을 포함한 대형 인적 재난이 발생할 때 초동 단계에서 신속히 전력을 투입해 효율적으로 대응하기 위해 '재난구조 전력운용 예규[54]'를 마련해 시행해왔다. 이에 따르면 해군작전사령부는 재난구조 당직함, 인명구조 출동조, 의무지원반, 재난구조 항공기를 편성해야 한다. 특히 인명구조 출동조로서 해난구조대의 비상대기조를 1개조 12명으로 구성해, 출동 명령이 떨어지면 1시간 안에 출동할 수 있는 대기 태세를 유지해야 한다.

그런데 감사원은 2014년 특별 감사에서 국방부가 대상 기관에 포함되어 있었음에도 참사 당시 탐색구조본부와 재난구조 전력운용이 실행된 구체적 기록을 확보하지 못했다. 2014년 국정조사 때에도 해군 말고는 공군·육군의 관련 기록은 파악하지 못했다. 국정조

---

53 재난안전법 제57조.

54 국방부령 '탐색구조본부 설치 및 운영규칙'에 의하면, 군은 재난 구조와 관련해 육·해·공군의 구체적 전력 운용 대비 계획을 담은 예규를 작성해야 한다(군 내부 예규). 세월호 참사 이후 현재까지 국정조사 등을 통해 확보된 해당 예규는 해군의 예규밖에 없어, 추후 육군·공군의 예규를 확보해 분석할 필요가 있다.

사에서, 당일 링스헬기가 출동하는 데 부실한 점이 있었고 일부 고속정들이 구명보트를 탑재하지 않는 등 부적절한 대응 사례가 있었음이 지적되었으나, 해당 전력이 예규상 비상대기 전력에 포함되었는지 등은 조사하지 못했다.

국방부는 참사 당일 재난안전법에 따라 재난대책본부(국방부)와 탐색구조본부(합참)의 체계로 운용했다고 주장했다.[55] 4월 17일부터는 재난대책본부와 탐색구조본부를 통합 운용했고, 현장 구조본부(해경)와의 관계 설정은 다음과 같이 이루어졌다고 주장했다.

---

55 국방부 기관보고 등에서 나온 군의 주장이며, 객관적 조사를 통해 검증된 사안은 아니다. 세월호 침몰 당시 군 지원 관련 회의에서 수립된 군 지원 체계이다.

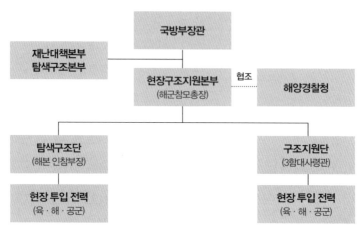

세월호 현장 군 지원 체계

- 국방부장관
- 재난대책본부 탐색구조본부
- 현장구조지원본부 (해군참모총장) ·······협조······· 해양경찰청
- 탐색구조단 (해본 인참부장)
- 구조지원단 (3함대사령관)
- 현장 투입 전력 (육·해·공군)
- 현장 투입 전력 (육·해·공군)

• 현장에 투입된 육·해·공군 전력은 현장구조지원본부의 지휘를 받아 탐색구조단과 구조지원단에서 운용했다.

조사를 받지 않는 해군

해군 3함대가 전남도청 119종합상황실로부터 지원 요청을 받은 것은 오전 9시 3분경이었다. 그런데 해군작전사령부가 SSU(해군해난구조대)에 출동 명령을 내린 것은 9시 34분경이었다. 단순한 SSU 출동 명령에 31분이나 소요된 것이다. 더 나아가, SSU가 출동 명령을 받은 후 실제 출동하기까지 1시간 16분이나 소요되었다. 이는 해군작전사령부의 '재난구조 전력운용 예규'를 위반한 것이다. 또 SSU는 잠수 장비가 아닌 익수자 구조 장비(슈트, 핀, 마스크 등)만 휴대한 채 출동했다. 공기통을 포함한 잠수 장비와 특수작전용 고무보트

(CRRC) 같은 구조 장비는 공군의 수송으로 오후 2시 1분경 별도로 지원받았다. 이와 같이 출동에 난맥상이 드러났다.

해군 3함대는 9시 3분에 상황을 인지한 뒤 37분이나 지난 9시 40분에 링스헬기를 늑장 투입했다. 링스헬기에는 조작사 1명, 정비사 2명이 타고 있었을 뿐 구조 인력은 없었다. 또 호이스트 같은 해상 구조를 위한 전문 장비는 없이 튜브 2개와 구명의 5벌만 탑재하고 있었다. 해군 3함대의 링스헬기가 해군작전사령부의 재난구조 전력 운용 예규상 재난구조 항공기 비상대기 전력에 해당하는지는 확인되지 않았다.

당시 해군참모총장이 오전 10시와 11시 두 차례에 걸쳐 통영함 출동을 지시하고 오후 1시 30분경 실무 합의각서까지 작성했는데도, 명확치 않은 이유로 지시가 무산되었다. 앞으로 이 지시가 무산된 경위와 이유가 규명되어야 한다. 미 해군 측은 오전 11시경 국방부의 요청을 받고 본험리처드함을 세월호 참사 현장에 투입할 것을 지시했으나, 정작 본험리처드함은 다시 국방부의 거절로 참사 해역에 진입하지 못했다. 참사 당일 본험리처드함의 정확한 동선과 활동 내용도 조사할 필요가 있다.

그리고 오전 11시 18분 언론의 전원 구조 보도가 오보임을 알고도 군이 전원 구조라고 보고를 계속한 이유, 선내 진입 여부 등 수색 구조 활동과 관련한 사실관계에 대해 좀 더 조사가 필요하다.

해군과 해경 간의 비협조가 피해 규모를 키운 측면도 있다. 해군 3

함대 소속 링스헬기가 출동할 때 목포에 있는 해경 122구조대를 이송했더라면, 참사 현장에 1시간 이상 빨리 도착해 세월호가 완전히 침수하기 전에 인명 구조 활동을 전개할 수 있었다. 하지만 협조가 원활히 이루어지지 않으면서 링스헬기는 구조 장비와 인력 없이 출동했고, 122구조대는 차량으로 현장으로 이동하는 상황이 벌어졌다. 그리고 피해자 지원 과정에서 해군 측이 해경에게 구조된 승객들을 거리가 먼 서거차도로 데려갈 것이 아니라 인근 해군 함정에 인계할 수 있다고 알렸음에도 해경은 이를 시행하지 않았다. 또 해군 3함대 측에서 구조된 승객들을 위해 의료 지원을 즉각 할 수 있다고 알리고 의사를 타진했음에도, 해경은 이에 대해 적극적으로 대처하지 않았다. 구조 과정 도중에는 항공 주파수 통제도 원활하지 않았다.

해군이 허위 보고했을 가능성이 있는 잠수 수색 활동은 다음과 같다:

- 낮 12시 4분에 SSU가 참사 현장에 도착한 직후 3009함에 착함하는 것이 지연되었다고 했다.
- 낮 12시 44분에 최초로 잠수를 시도했다고 했다.
- 오후 6시 4분에 하잠색(잠수사들을 위한 인도선)을 설치했다고 했다.

세월호 참사를 전후해 실시된 한미연합 훈련 현황은 다음과 같다.[56]

- 한미연합 상륙훈련 쌍용: 2014.03.27~04.07(본험리처드호 관련)
- 한미연합 공군훈련 맥스 선더Max Thunder: 2014.04.11~04.25
- 한미연합 공군 전투탐색구조훈련 퍼시픽 선더Pacific Thunder: 2014.04.14~04.18

4월 16일 해군 훈련 현황[57]은 다음 표와 같다.

사격 종목	시간	장소	훈련 함정	비고
미스트랄 대함사격훈련	15:00~17:00	어청도 근해(현장에서 306킬로미터 이격)	참-327	평택함(구조함) 사격훈련 지원 중 사고 현장으로 이동
대함종합사격	10:30~11:30	흑산도 근해(현장에서 74킬로미터 이격)	한문식함	사격훈련 취소 (세월호 현장 투입)

---

56 침몰의 직접적인 원인이 규명되지 않은 상황에서 군과 관련된 의혹이 있는 것도 사실이기에 당시 군 훈련 현황을 정리했다.

57 2014년 국정조사, 국방부 기관보고(김광진 의원실).

세월호 이동 경로 주변에서 발령된 항행 경보 현황[58]은 다음과 같다:

- 가덕도부근(R - 124) 해군 사격훈련
- 격렬비열도 남서방(R - 80) 공군 사격훈련
- 안마도 북서근해(R - 123) 해군 사격훈련
- 임자도 서방근해(R - 84) 공군 사격훈련 등

---

58 2014.04.16. 8:00~9:00 기준 국립해양조사원 공고.

외면하고 회피했다

: 세월호 책임 주체들

발행일 초판 1쇄 2017년 6월 3일

지은이 세월호특조위 조사관 모임
펴낸이 임후성
펴낸곳 북콤마
편집 김삼수
디자인 Miso

펴낸 곳 북콤마
등록 제406-2012-000090호
주소 (413-756) 경기도 파주시 문발동 파주출판단지 534-2 201호
전화 031-955-1650 팩스 0505-300-2750
이메일 bookcomma@naver.com 페이스북 facebook.com/bookcomma
블로그 bookcomma.tistory.com 트위터 @bookcomma

ISBN 979-11-87572-03-9 (03300)

, BOOKComma